Häuser in den Jahreszeiten

© Verlag Landleben Creativ, Wallbach/Sachsen, 2009
Idee, Satz, Texte: Elke Börner
Redaktionelle Mitarbeit: Katrin Schädlich
Fotos: Elke Börner, Kathrin Schädlich
Lektorat: Winnie Seifert, Chemnitz
Druck: Tschechien
www.landleben-creativ.de
ISBN: 978-3-00-028443-4

Inhaltsverzeichnis

Frühling

Sommer

Herbst

Winter

Vorwort

"Häuser in den Jahreszeiten" ist der zweite umfassende Band über interessante Häuser und engagierte Leute in Sachsen, welche uns für dieses Projekt wiederum die Türen öffneten, um vielschichtige Anregungen für Einrichtungs- und Lebensideen zu liefern. Es ist kein Buch, das rasch "durchgelesen" werden will. Es möchte vielmehr hin und wieder einmal zur Hand genommen werden, um Sie auf seine ganz eigene Art zu inspirieren, egal ob Sie nur eine Seite aufschlagen und sich an den Fotos erfreuen, kreative handwerkliche Anregungen aufgreifen, die nächste Tour zu einem der Ziele planen oder Rezepte ausprobieren.

Die Resonanz auf unser erstes Buch "Hausgeschichten, Lebensträume, Lebensart" war so gut, dass wir von unseren Reisen noch Geschichten "übrig hatten" und sofort nachlegten. Ein knappes Jahr waren wir wiederum in ganz Sachsen unterwegs, fotografierten, recherchierten, unterhielten uns mit Menschen, die ihr eigenes Zuhause, ihren Beruf und das, was sie tun, über alles lieben. Wen wundert's, dass solche Geschichten ein schönes, positives Lebensgefühl vermitteln, das wir hiermit gern an Sie weitergeben möchten. In über 50 reich bebilderten Geschichten werden ländliches und urbanes Brauchtum, Kunst und Kunsthandwerk, schönes Interieur, besondere Architektur, romantische Gärten und gelungene Restaurationen gezeigt. Imposante Schlösser, Klöster und Burgen mit ihren Eigentümern sind dabei genauso vertreten, wie kleine, charmante Bauernhäuser, Ateliers und Werkstätten. Der eine oder andere Teilnehmer hat auf unsere Bitte hin auch ein zu der jeweiligen Jahreszeit passendes Rezept beigesteuert, welches die Lebensart der jeweiligen Geschichte unterstreicht und zum Nachkochen und Ausprobieren anregen soll. Vielleicht ist auch eine neue Inspiration dabei, sich selbst etwas Gutes zu gönnen, das eigene Ambiente mit frischen Ideen und neuen Farben zu verändern. Oft sind es schon kleine, liebevolle Details, die unser Leben auf eine ganz bestimmte Art verschönern. Lassen Sie sich einfach inspirieren und genießen Sie die verschiedenen Stimmungen mit uns, so wie wir es getan haben, als wir für Sie diese Seiten recherchiert und gestaltet haben.

Den jahreszeitlichen Fokus haben wir gewählt, weil sich Häuser und Gärten mit den Jahreszeiten auch verändern und uns oftmals unbewusst in Stimmungen eintauchen lassen, die wir je nach individueller Vorliebe besonders mögen. Im Herbst riecht es nach nassem Laub, tauchen abgemähte Felder das Land in ein goldenes Licht. Erntekränze werden gewunden, Feste gefeiert, die Häuser und Wohnungen wieder gemütlich hergerichtet. Der Winter verzaubert uns mit kühlen Farben, bereiften Zweigen und gemütlichen Abenden am Kamin mit unseren Lieben. Nicht zuletzt lässt das Weihnachtsfest Vorfreude auf die kalte Jahreszeit aufkommen. Der Frühling erwacht mit frischen Farben und goldenem Sonnenschein und animiert dazu, die Zeit im Freien zu verbringen. Stühle und Tisch werden unter den Lieblingsbaum im Garten gerückt, Freunde eingeladen. Wer mag, stellt die Staffelei in den Garten, werkelt am alten Holztisch oder zieht mit der Kamera durch Wiesen und Felder, um das Farbenspiel der frisch sprießenden Blätter und Blüten einzufangen. Das pralle Leben von Mutter Natur kommt in den Sommermonaten zum Tragen, wo uns ein reicher Blütenflor umgibt, duftende Kräuter geerntet und zum Trocknen aufgehängt werden, uns lange Abende mit lauer Luft und einem hinreißenden Blick in den Sternenhimmel verwöhnen. Licht und Stimmung sind immer anders, auch wenn wir uns am selben Platz aufhalten. Mit den Jahreszeiten leben, das können wir am besten, wenn wir diese kleinen oder größeren Veränderungen würdigen, hinschauen, achtsam und dankbar für diese meist kostenlosen aber wunderschönen Geschenke des Lebens und der Natur sind.

Wer gern wissen möchte, wo die einzelnen Protagonisten des Buches zu finden sind, kann dies mit Angabe der Seitenzahl im Abspann unter "Bezugsquellen" noch einmal genau nachlesen. Nicht zuletzt will "Häuser in den Jahreszeiten" auch ein kleines Stück weit ein sächsischer Kultur- und Reiseführer sein. Ateliers, Museen, Höfe, Schlösser, Klöster und Burgen halten ihre Türen offen und freuen sich auf Ihren Besuch. Beim Lesen und Stöbern wünsche ich Ihnen viel Spaß.

Elke Börner
Verlag Landleben Creativ

Einführung

Bei der Arbeit zu diesem Buch bin ich oft gefragt worden, warum ich mir ausgerechnet solch ein Thema gewählt habe, Häuser in meinem Heimatland fotografiere und über das Leben in ihnen berichte. Wenn ich darauf antworten soll, dann bleibt es nicht aus, über mein eigenes Leben zu erzählen. In der ehemaligen DDR aufgewachsen, gab es für mich viele Jahre lang keine so drängende Frage, wie die nach ausreichendem Wohnraum. In den 80er Jahren lebte ich mit meinem Mann zunächst auf dem Dorf in zwei kleinen Dachkammern zusammen mit meinen Großeltern, danach wiederum in einer viel zu kleinen Plattenbauwohnung in einer nahegelegenen Kleinstadt. An ein eigenes Zimmer für unseren Sohn war Jahre lang nicht zu denken. Durch Zufall erfuhren wir, dass in einem Dorf in der Nähe ein Haus zu verkaufen sei. An einem Winterabend fuhren wir hin und wurden uns mit der Eigentümerin schnell einig. Die zog nur wenige Wochen später in unsere kleine Plattenbauwohnung und wir in das sanierungsbedürftige alte Bauernhaus auf dem Lande.

Eigentlich wollte ich damals kein eigenes Haus erwerben. Es schien mir nicht der Mühe wert, so viel Aufwand in das eigene Wohnen zu investieren. Freunde und Bekannte bedauerten uns: „Das würden wir nicht geschenkt nehmen", war nur ein Kommentar, den wir damals zu hören bekamen. Ich war traurig und wollte über kurz oder lang in die Stadt zurück. Jahrelang haderte ich mit meinem Schicksal. Wenn ich unterwegs war, hielt ich Ausschau nach einer passenden Alternative in Stadtnähe.

Die Jahre vergingen und so sehr ich mich auch bemühte, ich fand keine passende Alternative, die uns ähnlich viel Freiheit und Platz geboten hätte. Eines Tages bekam ich durch Zufall ein Buch in die Hände mit wunderschönen Impressionen von Landhäusern in Frankreich, England, den USA. Ich blätterte darin und versank schon nach kurzer Zeit in den Aufnahmen, die wunderschöne Häuser, stilvolle rustikale Einrichtungen und romantische Gärten zeigten. Ich schaute um mich und entdeckte, welch charmante Details mich umgeben

und bloß darauf warten, in Szene gesetzt zu werden. Es war, als ob nach langer Zeit ein Schleier gelüftet worden sei. Mit jedem neuen Buch, das ich nun erwarb, erfuhr ich mehr Interessantes über Architektur und Lebensart. Letztlich kaufte ich unzählige „Wohnen-Bücher". Freundinnen, die mich besuchten, schmökerten gern mit und bestätigten, dass es sofort anfängt, in den Fingern zu kribbeln, wenn man die eine oder andere Idee für sich entdeckt. Heute stehen unzählige Exemplare in meinem Bücherregal. Einige sind auch verborgt. Ich wurde "süchtig" und stellte anhand unzähliger Beispiele fest, welche Ressourcen in alten Häusern stecken.

In den darauf folgenden Monaten und Jahren legten wir selbst uralte Holzbalkendecken frei, rissen hinderliche Mauern ein, holten mit größeren Fenstern nach und nach mehr Licht und Luft in die Räume. Neben dem Wohnhaus errichteten wir ein Holzhaus mit Werkstatt und Atelier. Ich war schon bald hingerissen von den neuen Möglichkeiten, in einem alten Haus zu leben und zu arbeiten und entdeckte beim eigenen Tun auch, dass man sich einer Sache mit Liebe und Aufmerksamkeit zuwenden muss, wenn sie gelingen soll.

Heute ist es kaum mehr vorstellbar, dass ich vor Jahren wegziehen wollte. Viel wichtiger ist für mich als Verlegerin und Autorin heute das Büro zu Hause mit viel Licht, Luft und Platz zum Arbeiten, zumal ich hier über Dinge berichte, die mich selbst begeistern und die unmittelbar etwas mit mir zu tun haben. Mein Faible, das ich, wie ich erfuhr, mit vielen teile, wollte ich gern weitergeben. Ich begann, mich für die Häuser von Freunden und Bekannten in meinem Umfeld zu interessieren, recherchierte, fotografierte und hatte schon bald eine ansehnliche Sammlung zusammen, die ich veröffentlichen wollte. Auf einen ersten Bildband folgte schon bald dieser zweite, der neben Häusern und Gärten Sachsens auch wieder Kunst und Kunsthandwerk enthält und den ich Ihnen hiermit gern „ans Herz legen möchte".

Blick in meine Wohnküche, die das „Herz des Hauses" ist, und in der wir zugleich kochen, wohnen und Freunde empfangen. Deckenbalken und Dielen sind freigelegt worden. Schlichte rustikale Möbel aus Holz und Rattan nehmen den ländlichen Stil auf und sorgen das ganze Jahr über für unkompliziertes Wohnen und ein wundervolles Urlaubsgefühl.

Frühling

Osterfest in Klostermauern

Oben: Der Frühling erwacht im Kloster Altzella. Auf den Wiesen vor dem Konversenhaus sprießt das erste frische Grün. Refektorium und Bibliothek werden mit bunten Ostersträußen geschmückt. Nebenan lädt das Pächterhaus zum Osterfrühstück ein.

Rechts: Eine Augenweide ist das um 1220 entstandene Refektorium des Konversenhauses, welches den Laienmönchen einst als Speisesaal diente. Nach der Reformation war der imposante Säulenraum ein Kuhstall mit Verschlag für die Schlafstätte der Mägde. Erst 1955 wurde die rein wirtschaftliche Nutzung des Gebäudes aufgegeben, der ursprüngliche Bau mit der alten Anordnung der Fenster wieder hergestellt.

Unten: Romantische Mauerreste des ehemaligen Sommerrefektoriums, dem Speisehaus der Ordensbrüder, sind unter anderem im Park zu finden.

Rechts: Dem erwachenden Frühling im Klosterpark mit seinem 200 Jahre alten Baumbestand, Buschwindröschen, Schlüsselblumen und Leberblümchen wird zum Saisonstart mit einer besonderen Führung Rechnung getragen, die Gäste mit ihrer ganz eigenen, sagenumwobenen Romantik verzaubert.

Fastenseminare widmen sich passend zum klösterlichen Umfeld gesundheitlichen Themen. Das Kräuterwissen der antiken Gelehrten wird mit Führungen durch den Klosterpark und Klostergarten mit Gartenbaumeister oder Ernährungsberaterin weitervermittelt.

Im Mai wird traditionell ein internationales Blues- und Rockfestival veranstaltet. Im Sommer lädt das Klosterteam zur Blumen- und Gartenschau ein. Außerdem gibt es Gottesdienste, darunter auch einen für Biker, romantische Picknicks mit Folkmusik oder Kunstcamps, in denen junge Leute jährlich an neuen Projekten teilnehmen können.

Auf dem Klostergelände gibt es eine Herberge, welche nach der alten, klösterlichen Tradition sparsam eingerichtet ist und zum Übernachten einlädt.

Wenn sich draußen in der Natur die ersten zarten Knospen entfalten und saftiges Grün die Wiesen bedeckt, starten im Kloster Altzella die Vorbereitungen fürs bevorstehende Osterfest. Ostern im Kloster, das ist hier ein besonderer Brauch, zu dem Gäste von nah und fern zum Spaziergang geladen werden. Dass dieser zum Erlebnis wird und auf das beginnende Jahr einstimmt, dürfte in der Natur der Sache liegen.

Legten die Zisterzienser ihre Klöster doch einst in dafür besonders geeigneten Tälern direkt an romantischen Fluss- oder Bachläufen an. Kloster Altzella gehörte von 1175 bis 1540 zu den bedeutendsten Zisterzienserabteien in Mitteldeutschland. Die Reformation brachte die Auflösung des Klosters. Die Bauten der Klausur wurden danach zur Baustoffgewinnung freigegeben. Erst im 17. Jahrhundert besann man sich wieder auf die Grablege der Wettiner (1190–1381) und es entstand um 1800 der Landschaftspark mit einer Gedächtniskapelle.

Das landschaftlich idyllisch gelegene, ehemalige Kloster ist nach wie vor ein Garant für Entspannung und Erholung. Vor Ort kann gefeiert werden. Wer mag, kann in klösterlichem Ambiente auch innere Einkehr halten. Themengebunden stehen entsprechende Seminare auf dem Veranstaltungsplan. Der Klosterpark mit seinen uralten Bäumen und romantischen Klosterruinen ist wie geschaffen für einen ausgedehnten Spaziergang. Danach laden die Schreiberei oder das Pächterhaus Gesellschaften auch zu Kaffee und Kuchen ein.

Oben: Im zeitigen Frühjahr, wenn die ersten Sonnenstrahlen wärmend auf die Reste der klösterlichen Steinmauern scheinen, entfaltet die romantische Parkkulisse ihren ganz besonderen Charme. Im Hintergrund ist das Mausoleum zu sehen, welches 1787 als Gedächtniskapelle für die hier beerdigten Markgrafen von Meißen errichtet wurde.

Unten: Frischer Ostergruß im "Raum am Wendelstein", der von den Laienbrüdern einst als Durchgang vom Refektorium in den Konversenchor der Kirche genutzt wurde.

11

Bildhintergrund: Das Pächterhaus ist nach der Auflösung des Klosters als Wohn- und Verwaltungshaus errichtet worden. Heute sind die historischen Räume für Gesellschaften geöffnet.

Unten: An Festen wie Ostern tafelt man stilvoll in den den schönen Gewölberäumen. Hier wird das farbenfrohe Osterbuffet mit frischen Blumen und knusprigen Brötchen vorbereitet, ein Frühstück der besonderen Art mit ausgewählten Bioprodukten aus heimischen Betrieben. Anschließend lädt das Klosterteam zur Führung durch den Klosterpark ein.

Rechts oben: Weingläser schimmern im Sonnenlicht, das durch die Fenster des Pächterwohnhauses auf die weiß eingedeckten Tische scheint.

Unten: Zu Festen wird auch das Jugendstilzimmer für die Bewirtung von Gästen genutzt. Prachtvoll bemalte und mit Stuck verzierte Decken überspannen den wunderschönen Raum.

Um 1900 ist das Pächterhaus nach dem damaligen Zeitgeschmack umgebaut worden, wodurch das gesamte Haus erweitert wurde. Zwischenzeitlich waren hier auch der Speiseraum des ehemaligen volkseigenen Gutes und das Lehrlingswohnheim untergebracht.

13

Nostalgie, frische Ideen und mutige Farben

Oben: Der gläserne Anbau mit Satteldach und spitzen Gauben harmoniert mit der Architektur des Waldhauses Colditz. Die in sattem Weinrot gestrichenen Träger bringen die Fassade zum Leuchten.

Rechts: Auch im Inneren des Anbaus dominieren satte, rote Töne, die sich mit dem Altrosa der Deckenhölzer, einem leuchtenden Gelb der Wände und dem Taubenblau der Raumteiler zu einem frischen und ausgewogenen Farbkonzept zusammenfügen. Helle Korbmöbel und hohe Pflanzen sorgen im großen Wintergarten mit ihrer Leichtigkeit und Urlaubsstimmung für gute Laune.

Links: Mit antikem Interieur hat der Betreiber eine Hommage an die gute alte Zeit geschaffen, in der das Waldhaus zu dem umgebaut worden war, was es heute ist. In der Ecke steht Omas alte Standuhr aus dem Zwanzigern. Antike Öfen, eine alte Singer-Nähmaschine, historische Bilder und ein Röhrenradio verbreiten eine nostalgische Stimmung. Eine Lampe aus derselben Zeit über dem Holztisch sorgt für Gemütlichkeit.

Auf welch besondere Art Tradition und Moderne baulich harmonieren können, zeigt das im Jahr 2000 wieder eröffnete Waldhaus Colditz. Ein großzügiger Anbau aus Holz und Glas bringt Licht, Luft und ein Gefühl von Weite in das über einhundert Jahre alte Gasthaus. Am Rande der Kleinstadt direkt am Colditzer Forst gelegen, stand das durch mehrere Umbauten immer weiter vergrößerte Haus mit Park, Pavillon und Wintergarten von Anbeginn für eine gelungene Kombination von Gastlichkeit und Naherholung. Die Idee, dem traditionellen Gasthaus mit einem gelungenen Konzept Stil und Seele zu geben, wurde dabei mit dem Leipziger Architektenpaar Katrin Köstler und Horst Placek umgesetzt, die sich mit natürlichen Materialien und baulichen Details ganz bewusst an den Charakter der ländlichen Umgebung angenähert haben. Mehrere Meter hohe Glasfronten holen die Natur vom benachbarten Park mit angrenzender Streuobstwiese ins Haus. Für optische Highlights sorgen hölzerne Skulpturen bekannter Künstler aus Leipzig, welche überall im Park aufgestellt sind und dazu anregen, das großzügige Gelände aus wechselnden Perspektiven wahrzunehmen. Im Inneren dominiert die für die Gegend recht mutige Farbe Rot in hellen und dunkleren Nuancen, die in den früher eher nüchtern gehaltenen Räumen für ganz neue Energien sorgt. Nicht ganz unpassend dazu dürften vor Ort veranstaltete "Milongas" sein, in denen argentinischer Tango auf eine ganz individuelle Art gelehrt und getanzt wird. Der an den Gastraum angrenzende große Saal mit Klavier ist für solche Veranstaltungen wie geschaffen. Der Tradition des Hauses, welches 1897 von einem kleinen Landhäuschen zur Waldgaststätte ausgebaut worden war, entsprechen Relikte aus alter Zeit.

Oben: Blick in den "Himmel" des Anbaus, der überwiegend aus Holz und Glas errichtet wurde und sich damit harmonisch in die ländliche Umgebung einfügt. Zarte weiße Papiervögel schweben an dünnen Stahlseilen über dem Gastraum.

Links: Ein altes Klavier im Saal gehört zum antiken Interieur. Die Nähe zu Leipzig mit seinen diesbezüglichen Angeboten verwandelt die beschauliche ländliche Idylle von Zeit zu Zeit in ein Eldorado der Tangotänzer, die sich hier nicht nur gern zum geselligen Beisammensein einfinden, sondern die Kunst des „Argentinos" in ausgedehnten Workshops auch gern an andere weitergeben.

Unten links: Ein besonderes Stück ist dieser wunderschöne gusseiserne Herd, der zusammen mit anderem antiken Interieur im Vorraum zum Colditzer Waldhaus steht. Neben der nostalgischen Küchenmaschine ist die Speisekarte angeschrieben. Der Betreiber sammelt aber nicht nur Gegenständliches, sondern auch Erinnerungen an das Leben in deutschen Küchen wie Rezepte aus Omas Zeiten mit alten Überlieferungen aus der Region, die im Zusammenhang mit Speis und Trank der vergangenen Jahrhunderte stehen.

Unten: Blick in den großen Saal des Colditzer Waldhauses, in dem nicht nur gespeist und gefeiert, sondern auch ausgiebig getanzt werden kann. Das alte Parkett ist saniert worden. Die Stuckdecke hat frische Farbe bekommen. Auch Raumteiler, Paravent, Fenster und Türen sind allesamt in einem satten Rot gehalten, welches dem großen, hohen Raum in allen Ecken und Winkeln Energie und Frohsinn verleiht.

Oben: Auch im zeitigen Frühjahr, wenn die Natur gerade erst erwacht, lässt es sich hinter dem Haus am geschützten Wintergarten bereits gut sitzen, plauschen und schlemmen. Gemütliche Holzmöbel laden zum Verweilen ein. Unweit gibt es eine große Obstwiese mit Skulpturen, die von Leipziger Künstlern gefertigt worden sind.

Unten: Rustikal eingerichtet und farblich auf das übrige Ambiente abgestimmt sind die Gästezimmer des Waldhauses. Wer hier länger bleiben mag, kommt in der landschaftlich schönen Umgebung auf seine Kosten. Museum und Schloss Colditz sind per pedes oder mit dem Fahrrad in wenigen Minuten erreichbar.

Kraft tanken und von der Natur inspirieren lassen

Oben: Blick in die Schmuckwerkstatt des Appenhofes in Rothschönberg bei Nossen. Die Eigentümerin Beate von Appen beschleift einen Rohling. Bisweilen ungewöhnlich, bizarr oder einfach nur schön in Form und Zusammenstellung und mit einer hohen Symbolkraft versehen, verzaubern die Schmuckstücke, welche sie herstellt.

Rechts: Der Appenhof im Frühling. Heute ist das Gebäudeensemble als Künstlerhof bekannt. Früher gehörte es zur Rittergutsmühle des Ortes. Esel trieben das Mahlwerk an, um von der Wasserkraft unabhängig zu sein. Alte Balken und die Reste einer Schwarzküche lassen auf das ehrwürdige Alter des idyllisch gelegenen Hofes schließen, der schon im Jahre 1203 als Mühle zu Chotwitz erstmals erwähnt worden ist.

Links: Beate von Appen an ihrer Werkbank, von der sie ihren Blick auf die mit Blumen übersäte Wiese und die Bäume im Garten genießt. Der Hof, sagt sie, ist mit seiner wechselvollen Vergangenheit, den unterschiedlichen Vorbesitzern und seiner besonderen Lage ein Kraftquell, den sie nutzen möchte. So finden sich in ihren Schmuckstücken viele Assoziationen an die unmittelbare Natur.

Es mag so etwas wie ein besonderes Schicksal gewesen sein, welches die Kunsthandwerkerin Beate von Appen nach Rothschönberg bei Nossen verschlagen hat. Seit 27 Jahren lebt die studierte Maschinenbauerin nun schon in der früheren Rittergutsmühle. Sie hat hier teils allein und teils mit Freunden wechselvolle und arbeitsreiche Jahre erlebt. Heute ist ihr idyllisch gelegener Appenhof über die Landesgrenzen hinaus als ein Refugium für Kunst und Kultur bekannt. Das Jahr über gibt es Vernissagen und Veranstaltungen. Wer mag, kann in den rustikalen und liebevoll eingerichteten Zimmern auch übernachten. Dass Beate von Appen hier lebt, ist ebenfalls der Schönheit geschuldet, welche die Natur hier in allen Jahreszeiten in einer so reichen Fülle "verschüttet", dass die Hofeigentümerin immer wieder verzaubert ist von duftenden Apfelblüten und langen Sommerabenden mit Freunden. Im Winter, wenn die Triebisch dampft, die aus dem Rothschönberger Stollen kommt und daher nie zufriert, sind Büsche und Gräser eisig bereift. Dann schlagen die Eiszapfen leise aneinander. Das klinge wie in einem Märchen aus längst vergangener Zeit, schwärmt Beate von Appen. Die Naturerlebnisse setzt sie in ihren Kunstwerken um und stellt Schmuck her, der in der Region seinesgleichen sucht. So gibt es kaum ein Material, das "vor ihr sicher ist". Kettenanhänger aus der Haut eines Perlrochens oder abgeschliffener Jade sind dabei genauso ungewöhnlich und formschön, wie ein Kollier aus gesägten Titangliedern (rechts). Die handwerklichen Fertigkeiten scheinen der studierten Maschinenbauerin in die Wiege gelegt. Kreativ war Beate von Appen schon in ihrer DDR-Zeit. Sie wollte damals einfach nur das herstellen, was man sonst nirgendwo bekommen konnte. Die Liebe zum Unikat, besonderen Materialien und spannungsvollen Kombinationen ist ihr geblieben. Die Kunsthandwerkerin treibt, fräst, erhitzt, presst und schleift nach Herzenslust. Liebhaberinnen der schönen Stücke finden sich heute nicht nur im Umfeld, sondern auch in Großstädten, wo Außergewöhnliches einen hohen Stellenwert hat, oder an der See, wo die Assoziation des Schmuckes zum Wasser besonders gut ankommt.

Rechts oben: Beate von Appen vor ihrem ganz mit Rosen und wildem Wein bewachsenen Wohnhaus in Rothschönberg; darunter einige ihrer wunderschönen Schmuck-Unikate, die von ihr teils aus natürlichen, teils aus synthetischen Fund- und Sammlerstücken gefertigt werden.

Links: Blick vom Hof auf den Eingang des Appenhofes. Rote Tulpen in einem Hochbeet in der Hofmitte begrüßen den Frühling. Große Teile des vierseitigen Gebäudeensembles wie die Scheune (links im Bild) sind von alters her noch im Original erhalten. Gegenüber ist ein Atelier eingerichtet, in dem Künstler ihre Exponate ausstellen. Von hier aus gelangt man in die idyllisch gelegene Umgebung des Triebischtales.

Mitte: Wer mag, kann hier Workshops buchen oder einem der Hoffeste beiwohnen und vor Ort auch übernachten. Dieses Gästezimmer des Hauses wird "Dornröschenzimmer" genannt, weil direkt vor dem Eingang ein Rosenbusch wächst. Die Lampen im Raum hat eine befreundete Künstlerin gefertigt.

Unten: Blick in die einfach und geschmackvoll eingerichtete Stube im Erdgeschoss, in der sich Freunde gern zum Essen und Plauschen aufhalten. Ohne deren ständige Hilfe wären viele Projekte überhaupt nicht möglich, erzählt die Hofinhaberin. Tische und Stühle stehen auf alten Holzdielen. An der Wand hängt ein Bild eines befreundeten Künstlers.

Oben: Die große Küche im Erdgeschoss des Appenhofes ist wie in anderen Bauernhöfen das Herz des Hauses. Hier gibt es alte Deckenbalken, hölzerne Sprossenfenster und schöne alte Möbel sowie ein bequemes Sofa und einen ausladenden Tisch mit vielen Sitzplätzen zum gemütlichen Essen und Plauschen. Eine Glaswand trennt den behaglichen vom geschäftlichen Bereich ab. Direkt dahinter hat die Eigentümerin ihr Büro eingerichtet.

Rechts: Blick auf den großen Esstisch mit Vitrine, in der das Geschirr für gesellige Runden parat steht. Direkt darüber prangen goldene Kugeln und ein Stern am eisernen Leuchter an der Küchendecke. Beate von Appen liebt schöne Dinge, an denen ihr Herz hängt. Weihnachtsschmuck, so ihr Credo, darf das ganze Jahr über hängen bleiben, wenn er schön aussieht und die Seele erfreut.

Den Tag zu etwas Besonderem machen

Oben: Das Best Western Hotel am Schlosspark Lichtenwalde vereint Tradition und Moderne. Es liegt urban direkt am Stadtrand von Chemnitz, aber gleichermaßen mitten im Grünen neben dem Schloss Lichtenwalde mit einem der schönsten Barockgärten Sachsens.

Rechts und unten: Besonderheiten gibt es auch im Inneren des Hauses. Auszubildende haben für ihr Hotel einen eigenen Hochzeitstisch mit Wasserspielen kreiert, der beim Wettbewerb des Deutschen Hotel- und Gaststättenverbandes mit einem ersten Platz prämiert worden ist.

Rechts oben: Die Küche des Best Western Hotels. Chefkoch Sven Hilbert kreiert leidenschaftlich gern leichte und raffinierte Menüs, die gut zu den jeweiligen Jahreszeiten passen. Seine "Matjespralinen" im Frühling (rechts das Rezept) sind nicht nur eine eigene Erfindung, sondern auch ein Novum in der sächsischen Küche.

Links: Blick auf den Hochzeitstisch im Best Western Hotel Lichtenwalde. Direkt neben den großen Fenstern, aus denen man einen Panoramablick auf die umliegende Landschaft hat, kommen die zauberhaften Wasserspiele besonders gut zur Geltung.

Wer frische Ideen für sein Zuhause sucht, kann sich diese in seinem Lieblingsrestaurant holen. Eine "gute Küche" ist heute in aller Munde, Kochen ist in und auch alles andere, was die gehobene Lebensart ausmacht. Mitunter können es kleine Details sein, ein bestimmtes Arrangement, ein neues Rezept oder einfach nur das besondere Lebensgefühl, welches man mit

nach Hause nimmt. Dieses auf eine besondere Art zu beleben, war Aufgabe eines Teams von Auszubildenden, die fürs Best Western Hotel in Lichtenwalde einen eigenen Hochzeitstisch kreieren wollten (linke Seite). Die Ideenschmiede war letztlich so erfolgreich, dass der „Wellnesstisch" beim Wettbewerb des Deutschen Hotel- und Gaststättenverbandes mit einem hervorragenden ersten Platz prämiert wurde. Die kreisrunde Tischfläche erinnert an eine kunstvolle Teichlandschaft. Rinnsale kristallklaren Wassers plätschern über schimmernde Glasschalen und rieseln durch smaragdgrüne Perlen. Grüne Kerzen und weiße Blumen stehen im Wasser. Auf weißen Podesten dazwischen sind Gläser und Teller arrangiert. Es ist schon eine besondere Kunst, dies aufzubauen, kunstvoll sind aber vor allem die Ideen, die hier eingeflossen sind. Bemerkenswert zudem, dass diese keineswegs von gestandenen Innenarchitekten, sondern von kreativen Auszubildenden stammen, die im Hotel ihren Beruf erlernt haben. "Aber es ist nicht nur das Team allein. Immer ist auch die Umgebung wichtig, um Inspirationen zu bekommen. Unser Haus ist offen, licht und chic und eignet sich hervorragend für Events aller Art", schwärmt die Hoteldirektorin Janet Liebich, welche für solch innovative Besonderheiten verantwortlich zeichnet. Nicht nur Tagungen und Seminare, sondern auch Frauentage und Hochzeitsmessen werden vor Ort veranstaltet. Ihr Credo: Jeder soll sich ein wenig wie zu Hause fühlen. Einfach und unkompliziert soll es sein das gastronomische Umfeld. Abschalten muss man können und als Individuum wahrgenommen werden. Essen und Schlafen könne man überall, aber den Tag zu etwas Besonderem machen, das gehe nur, wenn das ganze Umfeld stimmt, ist sie sicher.

Das Frühlingsrezept vom Chefkoch Sven Hilbert:
"Lichtenwalder Matjespraline"

Zutaten für 4 Personen: 8 Stck. Matjesfilets, 300 g grobe Blutwurst, 500 g junger Blattspinat, 300 g Kirschen, 2 Äpfel, 100 ml Kirschsaft, 2 EL dunkler Balsamicoessig, 2 EL Olivenöl, 1 EL Honig, Salz, Pfeffer, Zitronensaft.

Die Matjesfilets in kaltem Wasser abspülen und trocken tupfen; danach Kirschsaft, Balsamicoessig sowie Honig aufkochen und auf 1/4 der Menge einreduzieren lassen; anschließend den entstandenen Sirup vom Herd nehmen und die Kirschen zugeben; Die gewaschenen Spinatblätter auf dem Teller anrichten und mit Salz, Pfeffer und Olivenöl marinieren; Äpfel schälen, reiben und mit Zitronensaft marinieren, anschließend kalt stellen; Dünne Blutwurstscheiben in warmer Butter kurz anbraten aus der Pfanne nehmen und mit Salz würzen; Zum Schluss mit Hilfe eines Ringes die Praline so anrichten wie auf dem Foto.

Zweites Leben für schöne alte Fachwerkhäuser

Oben: Die Jahreszahl der Erbauung erzählt vom ehrwürdigen Alter der Rittergutsschmiede, die zusammen mit weiteren Gebäuden abgebaut und im Bauernmuseum Schwarzbach wieder aufgebaut worden ist.

Rechts: Das neu errichtete und schmuck sanierte Gebäudeensemble des Bauernmuseums mit weißem Putz und den dunklen Kontrasten des Holzes ist schon von weitem sichtbar. Im überregionalen Wettbewerb "Sachsens Themendörfer" hat das Bauernmuseum von sich reden gemacht. Alleinstellungsmerkmale wurden für Form und Größe des Ensembles bescheinigt.

Das Wohnstallhaus beherbergt einen großen Fundus an teils jahrhundertealtem Interieur, welches der Verein in den vergangenen Jahren zusammengetragen hat. Auf dem Innenhof ist passend dazu altes landwirtschaftliches Gerät ausgestellt.

Links: In der alten Rittergutsschmiede scheint die Zeit still zu stehen. Außer ein paar Spinnweben und Altölflaschen war nichts mehr vorhanden, als das Gebäude abgebaut worden ist, so Klaus Zschage. Nach der Umsetzung nach Schwarzbach hat der Verein durch Leihgaben und Spenden die heutige Ausstellung zusammengetragen.

Alle anderen Räume im Museum sind ebenfalls für eine Zeitreise geeignet. An Projekttagen wird Brot gebacken, Quark hergestellt oder Kaffee geröstet.

Schöne alte Häuser an einem Standort ab- und an einem neuen wieder aufzubauen und so für die Nachwelt zu bewahren, das ist im Bauernmuseum in Schwarzbach möglich geworden. Alles, was hier steht, gab es noch vor Jahren jeweils an einem anderen Ort .Verantwortlich für diesen ungewöhnlichen Kraftakt zeichnet Klaus Zschage, der das Bürgermeisteramt innehatte und heute dem gleichnamigen Verein vorsteht. Dem engagierten Gemeindeoberhaupt tat es Leid um die schöne, teils jahrhundertealte Architektur. Dass diese ausgerechnet nach Schwarzbach umgesetzt wurde, war dem Umstand zu verdanken, dass der kleine Ort zum Förderdorf ernannt worden war. Zwei Wohnstallhäuser, ein altes Seitengebäude, ein ehemaliger Stall, eine Schmiede und ein Maschinenschuppen sind auf diese Art kilometerweit „gewandert". 1995 habe alles begonnen, ein Wohnstallhaus in Doberenz sollte abgerissen werden, erinnert sich Klaus Zschage. Zum symbolischen Preis von einer Mark erwarb er das alte Gemäuer, dessen Erbauungszeitraum um 1715 datiert ist, ließ Fachwerk und Dach abbauen und das ganze Ensemble nach Schwarzbach abtransportieren. Ein zweites Seitengebäude aus dem Nachbarort Leupahn, ein kleiner Stall aus dem 17. Jahrhundert und ein historisch wertvolles Dach folgten. Letztlich kamen noch eine wunderschöne alte Rittergutsschmiede und ein riesiges Wohnstallhaus hinzu. Der Umsetzung geht jeweils eine akribische Vorarbeit voraus. Alle Bauteile werden fotografiert, dokumentiert und nummeriert, bevor sie umgesetzt werden. Auf diese Art gelingen handwerkliche Meisterleistungen. So konnte sogar die eine oder andere Fachwerkwand im Ganzen abgebaut und vor Ort ohne Bruchstellen wieder installiert werden. Für die Belebung der Projekte ist ein Museum entstanden. Die Häuser sind mit alten Möbeln und Hausrat bestückt.

Oben: Ein großes Wohnstallhaus aus dem Jahre 1567, das vorher in der kleinen Gemeinde Poppitz stand, wird im Bauernmuseum Schwarzbach in seiner für die Gegend eher seltenen Umgebinde-Bauweise wieder aufgebaut. Die alten Holzständer waren teilweise in einem maroden Zustand und mussten aufwändig saniert werden.

Unten: Das Bauernmuseum nicht nur zu bestücken, sondern auch zu beleben, ist Ziel des Fördervereins. Auf einem hölzernen Webstuhl, welcher im Anbau der alten Schmiede steht, werden alte Webtechniken vorgeführt.

Links: Fast mutet es so an, als sei der Bauer gerade von seiner Arbeit aufgestanden und nur kurz nach nebenan gegangen. Mit Jagdutensilien, kleinem antiken Ofen, Schreibsekretär, Tisch und Stühlen ist eines der Zimmer im Museum Schwarzbach ausgestattet. Sogar das Walzendekor ist echt: Beim Umbau des Hauses, so der Vereinsvorsitzende, sind ganze Wände mit ihrer originalen Bemalung erhalten geblieben.

Mitte: Das wunderschöne alte Küchenbuffet, dessen Inhalt dem Besucher offensteht, stammt aus dem Wohnstallhaus, in dem es heute steht. Nach alter Sitte sind die Vorderkanten der hölzernen Einlegebretter mit Baumwollspitze eingesäumt. Auf dem Unterschrank stehen alte Waagen.

Unten: Blick auf den Küchentisch, der in vergangenen Jahrhunderten ganz ähnlich gedeckt gewesen sein mag. Hinter altem Porzellan und Besteck mit Horngriffen steht eine antike Küchenwaage, die schon aus Gründen der Sparsamkeit in keinem bäuerlichen Haushalt fehlen durfte. Ein alter Spruch auf einem leinenen Überhandtuch und ein irdener Krug mit Quirl und Löffeln ergänzen das schöne ländliche Interieur.

Oben: Eine Augenweide ist die mit alten Möbeln und Bildern komplett eingerichtete "gute Stube" im Erdgeschoss des Wohnstallhauses, eine Blockstube mit einer unglaublich schönen Holzbalkendecke, deren beeindruckende Trägerbalken Anfang des 18. Jahrhunderts gehauen und in aufwändiger Handarbeit verziert worden sind.

In alter Zeit war meist das ganze Dorf in den Neubau eines Hauses einbezogen. Oftmals halfen nach herrschender Sitte Nachbarn und Freunde mit, indem jeder im Wald einen größeren Baum fällte, um diesen später mit der Axt per Hand zum Balken zu behauen.

Rechts: Ein kunstvoll bemalter Bauernschrank und ein mit gedrechselter Deichsel verzierter und mit Hartgummi bereifter Kinderwagen mit Puppe erinnern an den Kindersegen der Familien in den vergangenen Jahrhunderten, in denen neben den Eltern, Großeltern, Knechten und Mägden nicht selten mehr als zehn Kinder ein Zuhause hatten.

Holzhandwerk in dritter Generation weitergeführt

Oben: Die Sachsenburger Tischlerin und Drechslermeisterin Claudia Behnisch mit einem Wagenrad, das ihr Vater noch im Stellmacherbetrieb gefertigt hat. Heute dienen die großen hölzernen Räder als Dekoration.

Rechts: Drechslerstillleben mit Holzschalen, Rohlingen und Werkzeug auf einer alten hölzernen Bank in der Werkstatt.

Unten: Von der Tradition des Betriebes zeugen Werkzeuge, wie diese Zirkel und eine Lehre, mit welchen der Stellmacher früher die genauen Maße eines Wagenrades nehmen konnte.

Unten rechts: Die Drechslermeisterin an ihrer Drehbank.

Wenn die Drehbank surrt, Späne fliegen, sich ein rotierender Rohling unter dem geschliffenen Stahl langsam zu einem gerundeten Holz verjüngt, dann ist Claudia Behnisch ganz in ihrem Element. Die Tischlerin und Drechslermeisterin liebt ihren Job und führt im ländlichen Raum Sachsens ihren 125 Jahre alten Betrieb weiter, in dem schon Großvater und Vater ihr Geld verdient haben. Sorgte Vater Henri noch als Stellmacher dafür, dass Wagenräder stabil und rund liefen, hat sich Tochter Claudia seit ihrer Lehre zur Drechslerin ganz dem dekorativen Gestalten mit Holz gewidmet. In einer Region beheimatet, in welcher viele Holzhandwerkerkollegen "Männel drechseln", wollte die kreative Frau lieber ihre eigene Nische finden und begann schon lange vor der Wende, Lampen zu bauen und Möbel zu restaurieren. In den 80iger Jahren ließ sie sich dann zur Meisterin ausbilden. Das Leben im idyllischen Sachsenburg mit Haus, Hof und großem Garten genießt sie ganz bewusst und kann sich auch nach vierzig Jahren keinen Umzug vorstellen. Im kleinen Ort gibt es ein Schloss, ein Freilichtmuseum

und eine kleine Wehrkirche, in der sie bei Restaurierungsarbeiten auch selbst mit Hand anlegte. Das Jahr über ist die Drechslermeisterin viel unterwegs und verdient ihren Lebensunterhalt mit der Herstellung von dekorativem Interieur und dessen Vermarktung auf Messen und Märkten. Ihr Wissen gibt sie mittlerweile auch in Kursen weiter. In der Drechslerwerkstatt des Studentenwerkes Dresden lernen junge Leute unter ihrer fachkundigen Anleitung die traditionelle Holzbearbeitungstechnik kennen und lieben. Es sind vor allem angehende Maschinenbauer und Mathematiker aber auch Therapeuten, die sich dabei Ideen für die kreative Holzbearbeitung holen.

Wichtig ist für Claudia Behnisch vor allem ein sauberes solides Arbeiten. Die fertigen Stücke müssen makellos sein und weich in der Hand liegen. Damit sie diesem Anspruch gerecht werden kann und die Leuchter, Ständer oder Vasen ohne Risse gelingen, werden verschiedene Obstbaumhölzer schon Jahre vorher luftgetrocknet. Nach dem Feinschliff werden sie mit Wachs behandelt und lasiert.

Oben: Vasen und Leuchter aus Fichte und Obstgehölzen bringen den Baumstumpf im Garten in der Februarsonne zum Leuchten.

Damit die Stücke weich und angenehm in der Hand liegen, werden sie mit Wachs behandelt. Die farbigen Lasuren trägt die Handwerkerin so auf, dass die schöne Holzmaserung sichtbar bleibt und jedes der Stücke seinen eigenen Charakter behält.

Regenbogen- und Ferienhaus mit Holzwerkstatt und Kunstscheune

Oben: Der Eingang zum Ferienhaus der Kunstscheune Röthenbach. Nebenan gibt es eine Holzwerkstatt mit Atelier und Ausstellungsräumen. Wer mag, kann hier auch übernachten. In diesem kleinen romantischen Haus verbringen das ganze Jahr über Gäste ihre Ferien.

Rechts: Die mit wildem Wein und Rosen bewachsenen Außenwände des Hofes erinnern an ein Dornröschenschloss.

Unten: Kinder tauften das Ferienhaus in "Regenbogenhaus", weil an den Fenstern Holzschmuck mit Kristallen aus einer Mustersammlung aufgehängt ist, der in der Sonne funkelt und das einfallende Licht in bunte Spektralfarben zerlegt.

Rechts oben: Romantischer Blick in den geschützten Hof. Die Eigentümerin serviert duftenden Kaffee und Schokolade auf dem Gartentisch. Die großen alten Steine sind so belassen worden, wie sie waren. Kletterrosen überschatten den romantischen Sitzplatz.

Mitte: Gottfried Böttger an seiner Drehbank in der Holzwerkstatt. Den Maschinenpark hat der Ingenieur mit der Zeit komplettiert. Bei der Arbeit lässt sich der erfahrene Holzhandwerker von den Nutzern seiner Stücke inspirieren, die hier ab und an zu Gast sind.

Unten: Blick in die Kunstscheune mit Spielzeug und dekorativen Stücken aus Holz. Das ganze Jahr über bekommen Künstler die Möglichkeit, ihre Exponate auszustellen.

Versteckt hinter Bäumen, blühenden Rosenbüschen und Flieder-
zweigen liegt die Kunstscheune in Röthenbach. Die heutigen
Eigentümer Christine und Gottfried Böttger haben den idyllisch
gelegenen Hof vor 22 Jahren von einem jungen Paar gekauft,
welches damals gern nach Dresden umziehen wollte. Für die
Programmiererin und den Ingenieur mit zwei Kindern brachte das Anwesen im 300-Seelen-Dorf die Erfüllung ihrer Wünsche. Platz und Ruhe wollten sie haben, um ihre Ideen in die Tat umsetzen zu können. Die
Eltern eines schwer behinderten Sohnes hatten damals schon begonnen, sich mit der Herstellung von
Holzspielzeug selbständig zu machen. Handschmeichler aus Holz waren erste Stücke, die der handwerk-
lich ambitionierte Hausherr an seiner Drechselbank herstellte, damit Sohn Thomas die verkrampften
Hände wenigstens ein kleines Stück auseinander bekommen konnte.

Aus der liebevollen Zuwendung und praktischen Hilfe für den Sohn ist mit
den Jahren eine Berufung geworden. Seitdem stellen die Böttgers Spielzeug
für Behinderteneinrichtungen her, welches unter dem Synonym „Begreifen
durch Begreifen" von ihnen immer weiter an die Bedürfnisse Behinderter
angepasst worden ist. Über der Werkstatt ist eine Kunstscheune entstanden,
in der eigene Exponate und die von befreundeten Kunsthandwerkern ausgestellt und verkauft werden. Ein kleines Seitengebäude hat die Familie mit
viel Geschick zum Feriendomizil umgebaut. Das ganze Jahr über nutzen
Gäste den beschaulichen Ort, um Urlaub zu machen und aufzutanken. Thomas, der heute nicht mehr da ist, hat uns hierher geführt und zu dem gebracht, was wir heute tun, sind Christine und Gottfried Böttger sicher. Schon
deshalb bleibt der Hof in Röthenbach für sie ein besonderer Ort, der ihnen
immer wieder Kraft und Geborgenheit schenkt.

Links: Blick in Küche, Stube und aus dem Fenster des Ferienhauses der Böttgers, das auch schon vor dem Eigentümerwechsel bewohnt war. Das kleine Seitengebäude, welches direkt neben der Kunstscheune liegt, ist liebevoll mit Exponaten aus der Werkstatt und besonderen Stücken von Freunden dekoriert worden. Aus den Fenstern, durch die grünes Licht fällt, weil sie im Sommer ganz von Wein bewachsen sind, haben die Feriengäste einen bezaubernden Blick auf die landschaftlich reizvolle Umgebung.

Von hier aus können die Talsperre Klingenberg, die Burg Frauenstein oder die Sächsische Schweiz erkundet werden. Aber auch die Landeshauptstadt Dresden lockt mit unzähligen Sehenswürdigkeiten und kulturellen Angeboten.

Rechts: Der Hof ist ein besonderes Refugium im Freien. Große Fliederbüsche hüllen das Wohnhaus ein. Direkt unter dem Haus läuft Quellwasser, welches früher zum Kühlen der Milchkannen genutzt wurde.

Unten: Der mit Büschen und Bäumen dicht bewachsene Garten ist zum beliebten Treffpunkt für Freunde und Gäste des Hauses geworden, die sich hier gern zum Plaudern, Lesen oder Spielen zurückziehen. Die Kunstscheune Röthenbach bietet nicht nur Gästen Unterkunft und Künstlern Ausstellungsfläche, sondern lädt das Jahr über zu Veranstaltungen ein. Geöffnet ist das Haus unter anderem zur Aktion "Kunst offen in Sachsen", bei der interessierten Gästen landesweit Ateliers geöffnet werden. Aber auch der Tag des traditionellen Handwerks oder der "kleinste Weihnachtsmarkt im Erzgebirge" wird alljährlich gefeiert.

Wäsche und Hausrat aus Omas Zeiten

Oben: Blick durch das Fenster im Antikladen von Jana Franke in Grünhainichen im Erzgebirge mit alten Christbaumkugeln. Die Händlerin hat sich auf Wäsche aus Omas Zeiten spezialisiert. Aber auch Trödel und Antikes sind in ihren Ladenräumen zu finden.

Rechts: Kopfkissen mit Hohlsaum und Spitze, Filetkissen auf einem alten Holzstuhl sowie ein ca. 100 Jahre altes Kinderkleid. Ein Riesenfundus an Weißwäsche ist im Obergeschoss des Ladens zu finden.

Oben: Eine böhmische Glasperlenspinne, die im Erzgebirge gefertigt wurde, dreht sich in der Ladeneingangstür im Frühlingswind.

Rechts: Blick auf den Laden der Händlerin vom Hof aus. Ein großer alter Leiterwagen ist mit irdenem Geschirr dekoriert worden.

Fast wäre Jana Franke aus Grünhainichen Lehrerin geworden. Das Angebot Ihres Schwagers, dessen Elternhaus für den Start in die Selbständigkeit zu nutzen und ihr leidenschaftliches Interesse für alles Alte und Antike waren letztlich "schuld", dass sie heute einen der originellsten Trödelläden in Sachsen hat. Von Spitzen, Borten, Weißwäsche, stilvollem Geschirr, heimischer Handwerkskunst bis hin zu antiken Möbeln ist in ihrem romantisch mitten im Grünen gelegenen Hof alles zu haben, was das Herz des Sammlers höher schlagen lässt. Ganz besonders hat sich Jana Franke auf den Handel mit alter und wertvoller Wäsche spezialisiert. Alte Borten, Spitzen und Stickereien werden gern verwendet, wenn es darum geht, Garderobe nach antikem Stil aufzupeppen oder neutralen Wäschestücken eine ganz persönliche Note zu verleihen. Ein Umstand, den sich zunehmend auch Kostümbildner zunutze machen. So manch altes Accessoire oder Kleidungsstück, welches bei ihr kurz vorher über den Ladentisch ging, hat die Grünhainichenerin bisweilen schon in Fernseh- und Kinofilmen wiedergesehen. Aber auch Modenschauen mit alten Kleidungsstücken sind im Kommen, erzählt sie. Oft ist sie mit ihrem Lebensgefährten Jens auf Antik- und Flohmärkten unterwegs und dort mit ihrem Stand schon so bekannt, dass sie von Insidern beim Vornamen genannt wird. Kleinere Details an bedürftigen Stücken restauriert sie schon mal selbst und stopft die teils über ein Jahrhundert alten Einzelstücke dann nach althergebrachter Art, weil man mit modernen Nähmaschinen mehr zerstören als reparieren würde.

Rechts oben: Im Laden der Händlerin gibt es fast nichts, was es nicht gibt. Eine alte Glasvitrine ist bis in die letzte Ecke mit antikem Geschirr gefüllt. An der Wand hängen ländliches Interieur und diverse Sammlerstücke. Viele der antiken Sachen stammen von Leuten aus der Umgebung.

Mitte: Hier darf das ganze Jahr über die Weihnachtsdekoration stehen bleiben.
Ein wunderschöner alter erzgebirgischer Leuchter wird zum Hingucker am Ladeneingang. Auch das Fenster ist mit erzgebirgischen Waren dekoriert.

Rechts: Die Hündin des Hauses bewacht den alten, hölzernen Pferdeschlitten. Steingut und ländliches Gerät in Hülle und Fülle sind hier und auf dem übrigen Hof ausgestellt.

Mühlenromantik mit Antikladen und Pferdetherapie

Oben: Die idyllisch gelegene Rochhausmühle Grünhainichen mit ihrem ganz von wildem Wein bewachsenen Seitengebäude.

Rechts: Blick in den gemütlich eingerichteten und mit altem Interieur bestückten Verkaufsraum des Antikhändlers Ralph Geisler. Den großen steinernen Kamin hat der Grünhainichener selbst gebaut nach einem Vorbild aus einem alten Märchenbuch.

Unten: Ein schneeweißer Schimmel grast friedlich auf der Koppel hinter der Mühle. Zur Rochhausmühle gehört unter anderem auch ein Pferdehof, auf dem das Reiten als Therapie angeboten wird.

Seine Rochhausmühle hat für ihn vor allem etwas mit Kindheit zu tun, Forellen und Krebse fangen, die Beine ins kühle klare Bachwasser hängenlassen. Dass Ralph Geisler heute eine der schönsten Mühlen im Erzgebirge besitzt, ist wohl vor allem seiner Vorstellungskraft darüber zu verdanken, was man mit solch besonderen Orten "anstellen kann". Der Urenkel eines Spielwarenfabrikanten verliebte sich schon früh in antike Sachen und hätte nach der Wende am liebsten die Firma seines Urgroßvaters übernommen. Stattdessen kaufte der findige Unternehmer neben anderen alten Häusern in Grünhainichen die völlig abgewirtschaftete Rochhausmühle am Ortsrand mitten im Grünen. Die hier gewohnt hatten, waren in der ehemaligen DDR eher von der Gesellschaft gelitten gewesen. Kaum einer hatte sich darum gekümmert, wie es vor Ort aussah, schildert Geisler den Zustand vor dem Umbau. Sein Faible für alte Häuser und antikes Interieur lässt ihn daran arbeiten, dass das schöne Gebäudeensemble nach altem Vorbild zurückgebaut wird. Dazu gehört natürlich auch das alte Wasserrad (rechts unten), welches der Händler von einem anderen Mühlenbesitzer abkaufte und vor Ort installierte, so dass heute wieder kühles Nass durch den Haus- und Mühlengrund plätschert. Das Innere seiner unzähligen Mühlenräume hat der Antikhändler Stück für Stück saniert und mit antiken Fund- und Sammlerstücken eingerichtet, so dass ein Rundgang durch das weitläufige und verwinkelte Haus zu einer unvergleichlichen Zeit- und Entdeckungsreise gerät. Mit den Jahren ist der Grünhainichener bis über die Landesgrenzen als Fachmann für antikes Interieur bekannt geworden, die Mühle ein Anlaufpunkt für Bauherren, Sammler und Liebhaber besonders schöner Stücke. Viele sind Jahrhunderte alt, besondere Unikate und suchen in der Region ihresgleichen.

Oben: Direkt am Haus vorbei läuft der so genannte "Trübebach", in den früher die Abwässer der alten Papiermühle eingeleitet wurden. Heute ist das Wasser wieder kristallklar und von Krebsen und Forellen bewohnt.

Rechts: Das große alte Mühlenrad stammt eigentlich aus einer anderen Mühle und ist vom Eigentümer erstanden und vor Ort eingebaut worden.

Links: Die Räume in der Rochhausmühle sind angefüllt mit jahrhundertealten antiken Kostbarkeiten, die in der
Region ihresgleichen suchen. Ein großer weißer Jugendstilschrank beherbergt antikes Geschirr. Die Wände im
Zimmer sind mit Gobelins behangen. In
einer weiteren großen Glasvitrine sind
unzählige Sammlerstücke ausgestellt.

Mitte: Eine böhmische Glasperlenspinne bekrönt den großen Verkaufsraum im Erdgeschoss der Rochhausmühle. Früher wurden die Glasperlen
aus dem böhmischen Nachbarland
geholt und von einheimischen Manu-
fakturen zu prachtvollen Leuchtern
aufgefädelt und gebunden.

Links unten: Seine kostbarsten Sammlerstücke hält Ralph Geisler unter Glas.
Vom Urgroßvater erbte er eine Reihe
von Spielwaren, die in ihrer Art nicht
nur antik, sondern auch wegen der einst
verwendeten Materialien und der besonderen Fertigung interessant sind. Ein
alter Kaufmannsladen gibt Auskunft
über Handel und Wandel vergangener
Zeiten.

Die Spielzeugmühlen wurden so gebaut, dass sie von den kleinen Besitzern
mit Sand betrieben werden konnten.
Arme und Beine der teils über einhundert Jahre alten Figuren wurden ver-
schiedentlich mit Brotteig geformt,
getrocknet und bemalt.

Unten: Eine alte Kinderwiege mit liebe-
voller Bemalung aus dem Jahre 1803,
die in der Art in bäuerlichen Haushalten
zu finden war.

Rechts: Der große Ladenraum im Erdgeschoss der Rochhausmühle ist nicht nur romantisch eingerichtet und mit unzähligen Sammlerstücken angefüllt, er gibt auch Auskunft über das Leben vergangener Generationen. Viele der schönen Stücke stammen aus der umliegenden Region, dem Erzgebirge.

Der Ladeninnenraum ist so gestaltet, dass er wie ein großer Wohnraum anmutet. Der Fußboden in der Mühlenstube ist nach traditioneller Art mit alten Kacheln gefliest. Alte Deckenbalken, die von Stahlträgern gestützt werden, überspannen das Areal.

Ein großer alter Wäscheschrank mit wunderschönem Aufsatz und aufwändigen Malereien wird zum Blickfang im hohen Raum. Ein prachtvoll verzierter gusseiserner Leuchter setzt einen passenden Akzent. Alte, farblich abgestimmte Bilder komplettieren das stimmungsvolle Ensemble aus verschiedenen Epochen.

Grünhainichen gilt als Geheimtipp unter Sammlern. Im Osten Deutschlands sind Sammlerstücke wie die hier vertretenen immer noch absolute Schnäppchen, versichert der Antikhändler, der für seine teils jahrhundertealten Stücke in ganz Europa unterwegs ist.

Steinzeug aus dem lodernden Holzfeuer

Oben: Schalen mit Krug im Töpferladen von Julia Naether im Freiberger Kunsthandwerkerhof. Leuchtend bunte Frühlingsblumen setzen dazu schöne Farbakzente.

Rechts: Blick in den großen Ladenraum mit Holzbalkendecke, Wand- und Deckenmalereien im Erdgeschoss des Kunsthandwerkerhofes. Hier waren neben der Bergschreiberstube zeitweise auch Post, Münzwerkstatt und eine Gastwirtschaft untergebracht.

Mehrere Wappen an der Wand wurden bei Sanierungsarbeiten freigelegt und aufwändig restauriert. Sie geben Zeugnis von adligen Freiberger Familien, die maßgeblich mit dem Bergbau der Stadt zu tun hatten.

Unten: Julia Naether an der Töpferscheibe in ihrer Werkstatt in Halsbrücke.

Julia Naether bietet ihre Keramiken in einem der ältesten Häuser der Stadt Freiberg feil. Im Kunsthandwerkerhof, der sich in Schlossnähe befindet, gab es früher die Stube des Bergschreibers. Just in dieser hat die Töpferin ihr neues Domizil gefunden. Eine kleine Öffnung unter der hohen und reich verzierten Holzdecke zeugt heute noch vom ausgeklügelten Überwachungssystem vergangener Jahrhunderte. Mit einer kleinen Treppe und einem Spion, der sich über der Öffnung befand, konnte der damalige Bergschreiber, der über seiner Arbeitsstätte wohnte, die Tätigkeiten in seiner Stube beobachten. Heute geht es hier beschaulicher zu, gibt es im jahrhundertealten Gemäuer Steinzeug mit lebendiger Oberfläche, gerade so wie es aus dem Holzofen kommt und eine Töpferin, die ihr Handwerk liebt. Eigentlich hatte die 33-Jährige Slawistik in Berlin studiert, als sie merkte, dass für sie ein völlig anderer Lebensweg vorgezeichnet schien. So brach sie ihre Ausbildung ab, um zwei Jahre in einer Töpferwerkstatt in die Lehre zu gehen. Eine wichtige Etappe, in der die kreative Frau den Grundstein für ihre neue Karriere legte. In einer darauf folgenden Ausbildung in Waldenburg kam sie erstmals mit der Technik des Holzofenbrandes in Berührung. Die archaische Art, Steinzeug herzustellen, hat sie seitdem nicht mehr losgelassen. Man muss viele Stunden lodernde Flammen erhalten, ein „Höllenfeuer" entfachen, um das gewünschte Ergebnis zu erzielen, erzählt sie. Belohnt wird die Kunsthandwerkerin dafür mit irdenen Gefäßen, die eine natürliche und lebendige Oberfläche haben und in ihrer besonderen Art an Stücke aus längst vergangenen Tagen erinnern. Ein aufwändiges Prozedere, das sie beim Brennen des großen Holzofens in Seifersdorf zusammen mit einer befreundeten Töpferin zelebriert.

Links: Die hohen, schlanken Tonvasen mit getrockneten Blütendolden kommen vor den großen Fenstern der ehemaligen Bergschreiberstube ganz besonders gut zur Geltung. Kleinere Pendants stehen ganz oben in der Wandnische gegenüber. Die Keramiken sind fast ausschließlich mit Naturfarben glasiert, deren feine Abstufungen für Harmonie und Lebendigkeit sorgen. Regale und Tische beherbergen aber auch Stücke, die aus den Werkstätten befreundeter Handwerkerkollegen stammen.

Klare Formen und dezente Farben

Oben: Blick in den Laden der Raumausstatterin Yvonne Haase in Burgstädt. Handgefertigte Holzkugeln setzen harmonische Akzente auf der Maserung des Arbeits- und Beratungstisches. Vor einem Jahrhundert gab es hier eine Drogerie. Heute berät die Fachfrau für Designfragen Leute, die sich neu einrichten möchten.

Rechts: Yvonne Haase in ihrem Wohnzimmer im ersten Stock. Der Raum ist hell und licht. Zarte graublaue Gardinen greifen die Farben von Wand und Polstermöbeln auf. Die von Hand bezogenen Sessel sind das Meisterstück der Raumausstatterin und haben ihren Ehrenplatz am Couchtisch bekommen. Das Paar hat ein Faible für zurückhaltende Farben, klare Formen und eine sparsame und mit Bedacht ausgewählte Möblierung. "Wenn wir aus dem Urlaub nach Hause kommen, genießen wir immer ganz bewusst dieses Umfeld", schwärmen sie.

Links: Die Schaufensterpuppe vom Urgroßvater ist von dem jungen Paar als besonderes Accessoire in der Wohnstube platziert worden. Neben ihr gibt es noch eine Reihe weiterer origineller Erinnerungsstücke aus der alten Drogerie, die früher im Erdgeschoss untergebracht war.

Rechts: Ein italienischer Leuchter mit drehbaren Armen und kleinen Lampenschirmchen aus Kunststoff in moderner Tulpenform setzt über dem Tisch im Esszimmer einen ganz besonderen Akzent. Durch die klare und sparsame Einrichtung, zurückhaltende und bewusst eingesetzte Farben und Formen kommen einzelne Stücke in den Wohnräumen ganz besonders gut zur Geltung.

Yvonne Haase und Thomas Mehner leben mit ihren Eltern und dem zweijährigen Sohn in einem 200 Jahre alten Wohnhaus in Burgstädt, in welchem schon der Urgroßvater der Familie vor 100 Jahren als Drogerieinhaber hinter dem Ladentisch stand. Heute beherbergen die Verkaufsräume im Erdgeschoss ein schickes Ladengeschäft, in dem die Raumausstattermeisterin ihr Reich besitzt. Das Paar hat ein ausgesprochenes Faible für klare Formen und dezente Farben. Der puristische Stil ist nicht nur in den Verkaufsräumen zu erkennen, sondern setzt sich auch in den direkt darüberliegenden Wohnräumen im ersten und zweiten Stockwerk fort. Wände und Raumteiler sind mit kunstvollen Strukturen versehen, die der Malermeister selbst aufgezogen hat. Überall ist die Liebe zu hochwertigen Materialien und zum Detail spürbar. Schränke und Arbeitstische sind von Tischlerhand gefertigt, Hocker und Sessel von Hand bezogen, Schiebeelemente und Gardinen mit Bedacht ausgewählt. Der Aufgang zum Treppenhaus wird von einem kupfernen Waschbecken flankiert, dessen Patina eigens für diesen Standort von Hand eingeätzt worden ist. Dicke Bruchsteine der alten Wände lassen das Baujahr des Hauses erahnen. Putz ist auf die alten Stufen aus Porphyr aufgezogen, so dass diese antik wirken und der Aufstieg in die Wohnräume fast wie der in eine Burg anmutet. Natürliche Anstriche in Rostrot, Gold- und Sandtönen, Weiß, Schwarz und Grau dominieren die stilvoll eingerichteten Wohnräume. Nur das Kinderzimmer ist mit frischen Türkis- und Grüntönen gestaltet worden.

Oben: Das Esszimmer in der oberen Etage. „Bei unserem Einzug vor drei Jahren war alles grau und trist. Jahrelang hatte keiner in den Räumen gelebt", erzählt Yvonne Haase. Goldtöne, Weiß und Schwarz verbreiten heute eine warme, natürliche und edle Stimmung. Die mit Leder bezogenen Stühle stammen vom Großvater und sind so gut erhalten geblieben, dass sie kaum restauriert werden mussten.

Unten: Der Treppenaufgang in die obere Etage. Die unteren Stufen sind mit einer neuen Putzschicht saniert und muten mit ihrer rauen Struktur an, als ob sie von alters her so belassen worden sind.

Links: Das Arbeitszimmer im zweiten Stockwerk lässt erkennen, dass das Handwerk heute nur noch wenig mit dem früheren Klischee vom Maler mit Pinsel und Farbtopf zu tun hat. Sorgfältige Planung und kreative Ausführung sind nötig, um moderne Räume perfekt in Szene zu setzen.

Mitte: Muntere Farbkleckse in der zurückhaltend gestalteten Wohnung sind die Staffeleien mit Malereien des kreativen Handwerkers.

Unten: Erfrischendes Türkis und Hellgrün bestimmen das Zimmer des zweijährigen Sohnes. Besonderes Gestaltungselement: Die von Hand gemalte Giraffe mit Messlatte (rechts im Bild), an der alle sehen können, wie schnell der Junior gewachsen ist.

Rechts: Der Durchgang vom Laden im Erdgeschoss zum Treppenaufgang wird von einem handgefertigten, kupfernen Waschbecken flankiert, dessen Patina eingeätzt worden ist. Der Sockel, an dem die Waschgelegenheit installiert wurde, hat einen passenden rostroten Naturputz mit Struktur bekommen. Die Bruchsteine an den Wänden sind so belassen worden, wie sie waren, und geben Besuchern Auskunft über das Alter des Hauses. Im Treppenaufgang sind Bilder einer befreundeten Fotografin ausgestellt.

Mitte und unten: Die Ladenräume im Erdgeschoss sind wie die Wohnräume dezent und stilvoll eingerichtet worden. Drehbare Spots an der Decke und metallene Raumleuchten setzen einzelne Bereiche gekonnt in Szene.

Mühle mit Gasthaus
wie in alter Zeit

Oben: Die Wasser-
mühle Höfgen mit
schmuck saniertem
Gasthaus und Mühlen-
gebäude liegt idyllisch
im landschaftlich reiz-
vollen Tal der Mulde.
Hans-Henning Ruhmer
hatte die Wirtschaft
von seinem Vater über-
nommen und betreibt
das Haus heute in der
fünften Generation.

Rechts: Eine Gaststube
der Wassermühle Höf-
gen, die mit altem
Hausrat und Fotodoku-
menten urig und ge-
mütlich eingerichtet
worden ist. 1999 ist
hier der Husarenverein
der Stadt Grimma ge-
gründet worden. Die
Gestaltung des Rau-
mes ist eine Hommage
an dieses Ereignis und
die Vereinsgäste, die
hier gern zum Stamm-
tisch einkehren.

Ganz links: Der Eingang zum "Husarenquar-
tier" mit der blau-weißen Husarenuniform
und Pferd. In vergangener Zeit waren die Hu-
saren ein wichtiger wirtschaftlicher Faktor
für die nur wenige Kilometer entfernte Stadt
Grimma gewesen. Aus dem Grund wurde
dort ein Husarenverein gegründet. Die heutigen Mitglieder sind jeden Monat Stammgäste
in der Wassermühle Höfgen.

Links: Das Wasserrad der Wassermühle Höfgen lässt auf die technischen Finessen schließen, mit denen vergangene Generationen ihre
Mühlentechnik bestückten und immer weiter
vervollkommneten. Nur ein dünnes Rinnsaal
des Bachwassers reicht aus, um das große
hölzerne Schaufelrad anzutreiben.

An Bachläufen stehend, wo Wasser ins Tal plätschert, das Rad antreibt und große Bäume rauschen, waren Mühlen schon in früheren Zeiten ein Magnet für Wanderer, Ausflügler oder Leute, die einfach nur ein Dach über dem Kopf und eine warme Mahlzeit suchten. Mühlenbesitzer betrieben deshalb oftmals parallel eine Gastwirtschaft, beherbergten Gäste und backten Brot aus dem Mehl, das aus dem Getreide der umliegenden Felder von den eigenen Mühlsteinen gemahlen wurde. In der Wassermühle in Höfgen im Muldentalkreis lebt der schöne alte Brauch von der Mühle mit Gasthaus auch heute noch fort. Hans-Henning Ruhmer, der hier seine Gastwirtschaft betreibt, hatte eigentlich Maschinenbau studiert, arbeitete als Ingenieur in den alten Bundesländern und ist letztlich auf Umwegen wieder zurück zu seinen Wurzeln gekehrt. Heute kann er auf das 150-jährige Bestehen seines traditionsreichen Hauses verweisen. Übernommen hat er es vom Vater, der als Bäcker und Konditormeister auch Gastwirt war und sich vor Ort seine Existenz aufbaute. Bereut hat es der heutige Eigentümer nicht, zu verbunden ist der Höfgener mit seiner Heimat, zu groß ist die Herausforderung, eine solch lange Familientradition weiterzuführen. Im Jahre 1859 hatte Carl August Ruhmer den idyllischen Flecken unweit der Mulde für sich entdeckt, das Grundstück mit Mühle erworben und eine Familie gegründet. Den guten Brauch, zu mahlen, zu backen und einen Ausschank zu betreiben, hatten in den folgenden Jahrzehnten auch die Nachfahren übernommen, so dass die Wassermühle Höfgen als solche bis 1954 noch in Betrieb war. Für Hans-Henning Ruhmer war es nicht zuletzt eine Verpflichtung, die schöne alte Bausubstanz zu sanieren und auch die alte Mühle zurückzuerwerben. Für die Sanierung und Erhaltung der Mühlentechnik hat er 2002 einen Verein gegründet. So können Gäste des traditionsreichen Hauses hier nicht nur lecker speisen, sondern sich nebenan auch durch die Mühle führen und beim Plätschern des großen Schaufelrades die alte Technik und ländliches Gerät erklären lassen, welches überall in der Mühle herumsteht und Zeugnis vom Leben und der Arbeit vergangener Generationen gibt.

Oben: Blick in eine der Mühlenkammern, in welchen die Müller vergangener Zeiten noch mit ihrer Familie lebten. Heute sind die Räume mit ländlichem Gerät, alten Möbeln und Bildern bestückt, welche Auskunft über die Arbeit vergangener Generationen geben.

Mitte und unten: Die alte Mühlentechnik wird bei Führungen heute noch in Gang gesetzt und ist in einem erstaunlich guten Zustand, weil Haus und Technik in den Jahren zuvor erhalten und schrittweise saniert worden sind.

Ältere Teile der alten Antriebstechnik sind noch aus Holz. Aber auch technische Veränderungen sind durch den Umbau dokumentiert, der in den vergangenen Jahrzehnten stattgefunden hatte, um den Mahlvorgang noch wirtschaftlicher zu gestalten.

Kunst, Kultur und Gastlichkeit

Oben: Der Landgasthof Sörnzig, hier mit Blick auf die Kunstscheune, ist von der Weiterbildungsakademie Sachsen GmbH saniert und zu einer idyllisch gelegenen Stätte für Auszubildende und Künstler umgebaut worden. Im Inneren sind vor Ort gefertigte, mit kunstvollen Intarsien verzierte Schmuckstücke, Tische, Schränke und Bilder ausgestellt. Nebenan gibt es eine Galerie, einen großen Gastraum und Fremdenzimmer.

Rechts: Blick in den Ausstellungsraum der Kunstscheune Sörnzig. Hier gibt es Holzkunst vom Feinsten. In der Kommode spiegelt sich die mit Intarsienbildern bestückte Wand des Raumes.

Links: Die mit Intarsien kunstvoll verzierte und mit Schleiflack auf Hochglanz polierte Kommode ist in einem Projekt mit einem langjährigen Partner des Vereins entstanden, einer Kunsttischlerschule aus Litvinov-Hamr in Tschechien, erzählt bei einem Rundgang die Vereinsvorsitzende Barbara Spindler.

Immer wieder wird das scharfe Messer angesetzt, werden von geübter Hand kleine gezielte Schnitte ausgeführt, bis sich ein filigranes Stück aus dem Furnier herauslöst und aufs Bild gesetzt werden kann (rechts). Aus unzähligen kleinen Holzstücken entstehen so Bäume, Häuser, eine Landschaft. Gleich nebenan wird eine Malerei im Jugendstil nachgebildet. Am Nachbartisch werden "Muldentaler" eingepackt, runde Intarsienbilder mit kunstvollen Motiven aus der Umgebung. Intarsien, die hier gefertigt werden, können sich sehen lassen und halten professionellen Ansprüchen stand. Umso erstaunlicher, dass daran Autodidakten arbeiten, die vorher meist in anderen Berufen tätig waren und heute Teilnehmer an einer Maßnahme der Weiterbildungsakademie Sachsen GmbH mit Sitz in Chemnitz sind. Das Handwerk, mit Holz kunstvolle Bilder zu gestalten, haben sie für diesen kreativen Job ganz neu erlernt. Das Arbeiten mit den verschiedenen Holzarten macht Spaß, erzählen sie. Intarsien fertigen, das sei eine Herausforderung, ein Handwerk, für das man sich schon eignen müsse. Es braucht einen Blick fürs Material, geschickte Hände und vor allem Konzentration. Aus den Fenstern der Werkstatt schweift der Blick über den Fluss und das erste Grün der Bäume. Direkt am Haus vorbei fließt die Zwickauer Mulde. Die Idee, an diesem idyllischen Ort ein Domizil für Auszubildende zu schaffen, wurde mit dem Erwerb des Hauses durch die Chemnitzer Akademie geboren. Es sei eine Herausforderung gewesen, Tradition und Moderne für die neuen Zwecke zu vereinen, so der Geschäftsführer Frank Bergmann. Zusammen mit einer Architektin wurden der knapp 140 Jahre alte Hof saniert, Küche, Gastraum, Kunstscheune und Galerie geschaffen. Auszubildende können hier nicht nur die Fertigkeit der Intarsienkunst, sondern auch das Kochen und Kenntnisse der Hotellerie erlernen. Über dem Gastraum gibt es Fremdenzimmer mit einem bezaubernden Blick auf den Park und die Zwickauer Mulde. Direkt von hier führt ein Wanderweg ins reizvolle Umland. Nur wenige Kilometer entfernt steht das Rochlitzer Schloss, gibt es einen Lehrpfad, der über den Abbau des Porphyr in der Gegend informiert.

Rechts oben: In Weiterbildungsmaßnahmen erlernen Teilnehmer die Fertigkeit der Intarsienkunst. Aus kleinen Furnierstücken entstehen in vielen aufwändigen Arbeitsstunden wunderschöne Kunstwerke wie diese filigrane Auftragsarbeit für einen Kunden.

Mitte rechts und unten: Zwei Frauenmotive eines Malers sind originalgetreu nachgebildet worden. Weitere Pendants entstehen gerade in der Werkstatt. Hier lagern hunderte Holzfurniere. Jedes Kunstwerk gerät durch die unterschiedlichen Materialien ein wenig anders. Die Umsetzung obliegt der Kreativität des jeweiligen Intarsienkünstlers.

49

Links: Ein Seitengebäude des sanierten Hofes beherbergt heute eine Galerie, in der Künstler ihre Werke ausstellen. Das Jahr über lädt der Verein immer wieder zu Vernissagen, Lesungen und Konzerten ein.

Mitte: Wer mag, kann hier auch übernachten. Im Gasthof gibt es gemütliche Fremdenzimmer mit einem bezaubernden Blick auf den benachbarten kleinen Park (rechts) mit seinen großen alten Bäumen und die Zwickauer Mulde.

Unten: 1870 wurde der Landgasthof Sörnzig erstmals als Versammlungsstätte erwähnt. In den folgenden Jahrzehnten gewann er als beliebtes Ausflugsziel immer mehr an Bedeutung. Später wurde der Hof als Ferienheim und Akademie genutzt. Das sanierte Fachwerkgebäude war einst die Scheune des Landgasthofes. Heute ist es das Domizil des Muldentaler Intarsienkunst e. V. und beherbergt Kunstscheune, Werkstatt und Ausstellungsraum. Mit einem großen Fenster an der Frontseite hat die mit dem Umbau beauftragte Architektin die idyllische Umgebung ins Haus geholt, welche neben der Gastlichkeit und gutem Essen wohl schon immer den Ausschlag für den Erfolg der ländlich gelegenen Wirtschaft gegeben hat.

Rechte Seite: Das parkähnliche Gelände neben dem Haus mit Laternen, Spielplatz, Rasenflächen und lauschigen Plätzen unter großen Bäumen ist in den vergangenen Jahrzehnten angelegt worden. Von hier aus hört man das Plätschern der Mulde, über die nur wenige Meter entfernt eine Hängebrücke führt (folgende Seite).

Links: Nur wenige Kilometer ent-
fernt, und auf einem ausgebauten
Wanderweg bequem zu erreichen
lockt das Schloss Rochlitz mit seinen
Sehenswürdigkeiten und kulturellen
Angeboten. Seine Mauern erzählen
eine tausendjährige Geschichte von
deutschen Kaisern, Königen und
Fürsten und all jenen, die für deren
Wohl sorgen mussten. Treppauf,
treppab laden geheimnisvolle Ver-
liese, Gänge und Gelasse zu einer
Entdeckungsreise ein. Seit Mai 2007
ist Schloss Rochlitz um eine weitere
Attraktion reicher: In wechselnden
Kompositionen können die prachtvollen Roben des Lebendigen Für-
stenzuges bewundert werden.

Links: Die Umgebung des Mulden-
tals ist auch im Winterhalbjahr eine
Reise wert. Dem Ortschronisten
Wolfgang Lose, der das Geschehen
rund um die kleine, direkt am Flussufer gelegene Gemeinde seit vielen
Jahren aufzeichnet, gelang diese beeindruckende Aufnahme von dicken
Eisschollen.

Unten: Dem Hochwasser zum Opfer
gefallen ist die eiserne Brücke direkt
neben dem Landgasthof. In den vergangenen Jahren ist sie aber saniert
und mit einem Fest neu eingeweiht
worden.

Leben
am Wasser

Oben: Die Pension
Muldenaue am Ufer
der Freiberger Mulde
in Fischendorf an
einem sonnigen Win-
tertag. Besonders reiz-
voll ist die Flusslage
des Hauses, in dem das
Ganze Jahr über Gäste
untergebracht sind.

Rechts: Eine Holzbank
lädt zum Verweilen
ein. Wer hier rastet,
möchte Natur und
Stille ganz bewusst ge-
nießen.

Unten: Der Eigentü-
mer Horst Forschack
fährt so oft es die Zeit
erlaubt mit seinem
Boot auf den Fluss
hinaus. Das Leben am
und auf dem Wasser ist
dem Leisniger, der
schon als Kind seinen
Vater bei längeren
Schiffstouren beglei-
tete, bestens vertraut.

Von jeher gilt es als besonderes Privileg, direkt am Ufer eines Flusses zu leben, am Morgen Nebel über den Wiesen aufsteigen zu sehen, Möwen, Reiher und Fische zu beobachten, Wildenten zu füttern oder in den freien Stunden mit dem Kahn ein paar Kilometer flussabwärts zu fahren. Für Helga und Horst Forschack, die seit vier Jahrzehnten am Ufer der Mulde in Fischendorf bei Leisnig wohnen und arbeiten, ist die wunderschöne Lage auch heute noch ein besonderes Naturerlebnis, das sie zudem das ganze Jahr über mit vielen Gästen teilen. Vor zwei Jahrzehnten, als die Kinder erwachsen wurden, hatte das Paar im eigenen Haus eine Pension eröffnet. Ein Schritt, der seitdem für ein volles Haus sorgt. Die Gäste, einige davon sind prominent, erholen sich am Flussufer und genießen die Ruhe. Andere gehören fast schon zur Familie, kommen immer wieder, weil es ihnen hier so gut gefällt, erzählen die Beiden.

Für die Familie mit drei Kindern, die vor vier Jahrzehnten noch in einem kleinen Dorf in der Nähe lebte, war das eigene Haus mit großem Grundstück letztlich die Erfüllung ihres großen Traumes. Die besondere Lage am Fluss war dabei ein Glücksumstand, weil gerade zum Zeitpunkt der Suche eben jenes Haus an der Freiberger Mulde zum Verkauf stand, welches das Paar schon lange vorher bei der Fahrt zur Arbeit gesehen und in das es sich letztlich auch verliebt hatte. Das alte, ca.1886 erbaute Bauerngehöft mit Stallungen, einer Scheune und Außentoilette hatte beim Einzug immerhin fließendes Wasser und für die drei Kinder endlich zwei Schlafzimmer zu bieten. Der erste große Umbau erfolgte nach dem Einzug. Im Grunde blieben nur die Außenmauern stehen, erinnern sich die Eheleute, die damals in der Garage schliefen und im Waschhaus kochten. Die Kosten bewältigte man nicht zuletzt auch mit den Einnahmen aus der großen, angrenzenden Plantage

Dass die rührigen Eigentümer auf die Idee kamen, im eigenen Haus eine Pension zu eröffnen, war einer kleinen Zeitungsanzeige geschuldet, auf welche sie geantwortet hatten. Man suchte Zimmer vor Ort und das Paar quartierte hilfsbereit und spontan erste Gäste ein, ohne zu ahnen, was sich daraus entwickeln würde. Platz gab es genug, denn die Kinder waren erwachsen und Zimmer standen leer. Auf erste Gäste folgten weitere. Letztlich war der Zuspruch so groß, dass man sich zu weiteren Baumaßnahmen entschloss. Ställe wurden abgerissen und ein Anbau mit Pensionszimmern, Frühstücksraum mit Terrasse und einem Gartencafé geschaffen.

Für die Eigentümer, welche da schon Mitte Fünfzig waren, eine besondere Herausforderung, die sie bis zum heutigen Tag auf eine so liebevolle Art bewältigen, dass sich nicht nur „familiärer Anschluss" einfindet, sondern sogar prominente Besucher wie Heinz Quermann, Tommy Steiner oder die Kastelruther Spatzen für einige Tage am Ufer der Freiberger Mulde einmieten. Für viele werden Flusslandschaft mit Garten und Park zum zeitweiligen Refugium, in das sie eintauchen und sich von anstrengenden Auftritten oder Terminen erholen können.

Oben: Seltene Arten wie ein Ginkgobaum, welcher symbolisch für Kraft und Harmonie steht, sind auf dem Grundstück zu finden. Mehrfach musste das weitläufige Areal wieder urbar gemacht werden. Als die Eigentümer das Haus übernahmen, gab es hier eine große Plantage. Park und Garten wurden nach und nach bepflanzt. Mit der Jahrtausendflut wurde das Grundstück wiederum völlig verändert und alles weggespült, was die Eigentümer im Laufe der Jahre zusammengetragen, gehegt und angepflanzt hatten, so dass der Garten (unten) von ihnen schließlich ein weiteres Mal völlig neu angelegt wurde.

Mit dem Leben am Wasser müsse man sich arrangieren, erzählt das Paar. Alles ist hier ein wenig extremer als anderswo. Im Winter (unten) sinken die Temperaturen etwas weiter ab als in höheren Lagen. Dafür gibt es wunderschöne Naturerlebnisse mit Nebeln und Raureif, glitzernden Wellen oder dicken Eisschollen.

Fast das ganze Jahr über kommen Wildenten zum Füttern an die Anlegestelle. Eidechsen sonnen sich im Garten (rechts oben). Fische springen aus dem Wasser oder wärmen sich an seichten Stellen. Ein besonderer Glücksumstand sind selten gewordene Eisvögel, welche die Leisniger hier auch schon gesichtet haben.

An sonnigen Sommertagen kann man sich mit ein wenig Phantasie fast in südlichere Gefilde versetzt fühlen, mutet die Umgebung mit Garten und Park am Fluss mediterran und idyllisch an (rechts unten).

Bei strömendem Regen kann der sanft dahin gleitende Fluss aber auch zu tosenden Wassern werden, welche Haus und Hof unterspülen und alles mit sich reißen. So geschehen im Jahr 2002, als mit der Jahrtausendflut in nur wenigen Stunden die gesamte untere Etage von Pension und Wohnhaus unter Wasser standen. Ein wirtschaftliches Fiasko für die damals schon recht betagten Eigentümer der Pension Muldenaue, die trotzdem noch einen weiteren Neubeginn wagten, zusammen mit Familie und Freunden Wochen lang Schlamm und Müll vom Grundstück räumten, die Mauern austrocknen ließen und sanierten, die Räume neu einrichteten und den großen Garten neu anlegten, um ihre Pension am Wasser schließlich doch wieder neu zu eröffnen.

Sommer

Sammeln, Backen und Urlaub machen

Oben: Blick auf den Eingang des Denkmalhofes in Franken mit Taubenhaus und Rosenbusch. Ein Carport gleich neben dem Hof ist nach altem Stil mit Fachwerk errichtet und mit wildem Wein bepflanzt worden, so dass es heute anmutet, als ob es schon immer hier gestanden hätte.

Rechts: Die gepflasterte Terrasse mit Sitzgelegenheiten wird nach alter Tradition von einem vierseitigen Gebäudeensemble umfriedet, welches den Hofeigentümern Sicht- und Wetterschutz bietet. Zu sehen sind das Ferienhaus mit Schaubackstube (links im Bild) und das Wohnhaus des Denkmalhofes (rechts im Bild).

Für die schrittweise Sanierung der schönen alten Häuser hat die Familie im sächsischen Ausscheid mehrmals hervorragende Preise für das denkmalgerechte Erhalten, Pflegen und Umgestalten der großen Hofanlage bekommen.

Links: Hof und Wirtschaftsgebäude zu erhalten, auf eine liebevolle Art zu dekorieren und zu beleben, bedeutet auch immer, Zeugnis vom Leben und der Kultur vergangener Zeiten abzulegen. In einer kleinen Scheune gegenüber werden Trockensträuße und ländliches Gerät aufbewahrt, welche Auskunft über die Arbeit früherer Generationen geben. Um 1613 war der Hof mit Scheune, Stall und Auszugshaus erbaut und seitdem ständig bewirtschaftet worden. In der Generation der Urgroßeltern, so die Überlieferung, waren nur zwei Töchter auf dem Hof geboren worden, so dass der Knecht des Hofes in die Bauernfamilie einheiratete, wodurch es zum Namenswechsel kam. Eine lebenslange und heftige Sammlerleidenschaft hatte schließlich eine der Nachfahren, die Mutter des Antikhändlers Reinhard Schraps erfasst, welche ihr Faible auch auf den Sohn übertrug.

60

Wer sich zum Denkmalhof in Franken aufmacht, möchte dort entweder seinen Urlaub verbringen oder ist auf der Suche nach einem neuen antiken Stück aus dem Fundus des leidenschaftlichen Sammlers und Antikhändlers Reinhard Schraps. Der lebt schon immer in der idyllisch gelegenen 80-Seelengemeinde nahe Waldenburg und hat da wohl eine der umfangreichsten antiken Sammlungen im Sachsenland zusammengetragen. Zu jedem einzelnen Stück - viele stammen noch aus Großmutters Zeiten - könnte der Händler stundenlang erzählen. Hausrat, Möbel und Trachten geben anschaulich Zeugnis vom ländlichen Leben und Wirken in der Region. Ein Lebenswerk ist es geworden, die an Raritäten reiche Sammlung weiterzuführen, den Hof zu erhalten und ihn letztlich an die nächste Generation weiterzugeben. Aus dem schönen großen Ensemble ist wie in alten Zeiten ein Mehrgenerationenhof entstanden, in dem Eltern, Schwiegereltern, Kinder und Enkel zusammenleben. Die Familie hat die Gebäude in den vergangenen Jahren schrittweise saniert, Ferienwohnungen eingerichtet, einen Treffpunkt für Veranstaltungen in der 80-Seelengemeinde geschaffen. Bei den Umbauarbeiten wurde ein alter Backofen gefunden, der nach draußen umgesetzt worden ist und heute zu einer der Attraktionen zählt. Nach altem Vorbild wird im Haus eine Backstube betrieben, in der Brot, Kuchen und andere Leckereien mit dem für einen Holzofen typischen Aroma knusprig braun gebacken werden können. An Weihnachten wird ein Markt veranstaltet, zu dem nicht selten über 1000 Gäste in das kleine Dorf pilgern. Dann sind die engen Straßen bis auf den letzten Platz zugeparkt, erzählt der Schwiegersohn und Eigentümer Sven Klose, der zusammen mit der Familie in den vergangenen Jahren für den Um- und Ausbau des Gebäudeensembles mehrfach prämiert worden ist. Dass es hier besonders schön ist, wissen auch Feriengäste zu schätzen, die im Ferienhaus auf dem Denkmalhof in Franken ihren Urlaub verbringen.

Oben: Das breite Vordach am Wohnhaus ist wie geschaffen, um darunter Sammlerstücke auszustellen und es sich auch an Regentagen bequem zu machen. Eine gemütlich gepolsterte Bank lädt zum Verweilen ein.

Unten links: Blick in das rustikal eingerichtete Erdgeschoss der früheren Scheune, die zum Ferienhaus umgebaut worden ist. Das ganze Jahr über kann hier Quartier genommen werden. Im Garten gibt es Swimming- und Whirlpool, eine Sauna neben den Wohnräumen und auf Wunsch sogar Massagen. In der Backstube darunter wird nach alten Rezepten Brot und Kuchen gebacken.

Unten rechts: Hof und Gelände sind mit schönen alten Stücken dekoriert, welche Auskunft über Materialien geben, die vor Ort gebräuchlich waren. Hier wachsen Glockenblumen in einem alten Steintopf auf einer Säule aus Porphyr.

Links oben: In den ehemaligen Gesindestuben ist die große Sammlung antiker Stücke untergebracht. Die Zimmer sind mit altem Interieur wohnlich eingerichtet. Zinngeschirr, irdene Schalen und dickwandige Gläser stehen auf einem großen Holztisch, dahinter ein großer Bauernschrank mit Malerei und eine Karlsfelder Uhr mit Gewichten, die noch von Hand aufgezogen werden muss. Vieles von dem, was hier ausgestellt ist, stammt aus der Region. Mit den Jahrzehnten ist die große Sammlung von Mutter und Sohn immer weiter komplettiert worden.

Oben: Das Bild des Antikhändlers Reinhard Schraps mit seiner Frau Regina in historischen Gewändern mutet an wie ein Gemälde aus längst vergangener Zeit.

Unten: Beim Blick in die mit antiken Schätzen gefüllten Ladenräume schlägt das Sammlerherz höher. Neben Möbeln und Hausrat gibt es auch eine Sammlung alter und seltener Uhren. Der leidenschaftliche Sammler und Antikhändler Reinhard Schraps kennt sich mit der Herkunft bestens aus, saniert und repariert die Stücke auch fachgerecht.

Oben: In der Schaubackstube des Denk-malhofes Franken wird nach altem Re-zept Brot mit Sauerteig zubereitet, welches im Anschluss im Holzofen knusprig braun gebacken wird. Der alte Backofen ist bei Umbauarbeiten auf dem Hof wiederentdeckt, ausgebaut und nach draußen versetzt worden.

Einen Tag vor dem geplanten Backtag muss der Holzofen befeuert werden. Die Mehlprobe (die Art, wie sich das Mehl beim Einwerfen bräunt) entscheidet letzt-lich, wann die richtige Temperatur er-reicht ist. Gebacken wird mit der Speicherwärme des Feuers. Die reicht mehrere Stunden, so dass nach dem Brot noch mehrere Bleche mit Kuchen nach-geschoben werden können. Aber auch Schweinshaxen oder Pizza können geba-kken werden.

Mitte: Historisches Handwerkszeug, wie ein altes Spekulatiusbrett, welches noch der Opa gefertigt hat, gehört zu einer tra-ditionellen Backstube dazu.

Unten: Für die Belebung der Tradition des Bäckerhandwerks hat Sven Klose den Backofenverein Franken gegründet. Auf dem eigenen Hof veranstaltet der Eigen-tümer das Jahr über Backtage, zu denen Freunde und Gäste geladen werden.

Zauber und Heilkraft mittelalterlicher Kräuter

Oben: Die Burg Gnandstein bei Kohren-Sahlis mit Museum und thematischen Ausstellungen gilt als besterhaltene romanische Wehranlage Sachsens. Das Jahr über werden Führungen für Kinder und Erwachsene durch Burg und Garten angeboten.

Rechts: Zur Burg gehört ein wunderschöner Terrassengarten mit unzähligen, seltenen Arten, die in Vergessenheit geraten waren, heute aber wieder eine Renaissance erleben. Burggärtner Jens Franke durfte zu Anschauungszwecken sogar Hanf anpflanzen, der früher nur als Nutzpflanze Verwendung fand.

Unten: Der Zwinger aus dem 13. Jahrhundert ist im Zuge einer archäologischen Grabung freigelegt worden und wieder begehbar. Museumschef Falk Schulze, der hier aufgewachsen ist, hat den wildromantischen Ort als Kind noch ebenerdig erlebt.

Wer weiß schon noch, dass man eine Alraunen-
wurzel (Mitte) nicht einfach so herausreißt, weil
man vom Schrei der Pflanze tot umfallen könnte
oder dass aus dem unscheinbaren Bilsenkraut
(unten) Flugsalbe für Hexen hergestellt wurde?

Was der Gnandsteiner Burggärtner Jens Franke
auf seinen geheimnisvollen Kräuterführungen mit
einem Augenzwinkern zum Besten gibt, lässt den
geneigten Besucher für wenige Momente eintauchen in eine Zeit, wo das Wünschen noch geholfen hat und Kräuterkundige von Aberglauben und
Geheimnissen umgeben waren.

Aktuell erlebt das mittelalterliche Kräuterwissen
neben anderen ganzheitlichen Anwendungen eine
Renaissance. Man besinnt sich auf natürliche Me-
dizin und pflanzliche Wirkstoffe und weiß mehr
denn je deren besondere Heilkraft zu schätzen.
Entsprechend gut besucht sind die Gartenführun-
gen, an denen der Kräuterfreak und Landschafts-
gärtner aus der Fülle seines schier endlosen
Kräuterwissens schöpft, hier eine Blüte erklärt
und dort eine Wurzel vorzeigt. Neben uralten
Nutzpflanzen wie Mohn, Linsen oder Gerste und
"verbotenen" Pflanzen wie Hanf und Schlafmohn
gibt es auch "Amerikaner", die erst mit Kolumbus nach Europa kamen und seitdem zur heimischen Flora dazugehören wie Goldmohn oder
Indianernessel (folgende Seiten). Neben einer rei-
nen Nutzfunktion hatte ein Burggarten in späte-
ren Jahren immer auch den Charakter eines
Lustgartens. Seltene Pflanzen und Sträucher wurden dann vordringlich wegen ihrer Attraktivität
angepflanzt.

Zum Rundgang durch den großen Garten gehört
natürlich immer auch einer durch die Säle und
Kammern der großen Burg, die als besterhaltene
romanische Wehranlage Sachsens gilt und mit
Rittersaal im romanischen Palasgebäude sowie
spätgotischer Burgkapelle Wohn- und Verwal-
tungssitz der Familie von Einsiedel gewesen war.
Der Umstand, dass die an Kunst und Kultur interessierte Familie bereits 1929 ein Heimatmuseum
einrichtete, hat bauliche Besonderheiten und historisches Interieur gut erhalten, so dass Besucher
eine spannende, authentische Zeitreise antreten
können. Mittelalterliche Wehranlagen sowie ein
begehbarer Bergfried aus dem 13. Jahrhundert
laden zur Entdeckungsreise im Außengelände ein.

Oben: Blick in die frühere Schwarzküche der Burg mit Rauchfang und alten
Gerätschaften. Was Garten, Vorratskammern und Keller hergaben, wurde
hier zubereitet.

Wohl kaum eine Wurzel ist mit so unterschiedlichen Mythen belegt, wie die
der Alraune. Wer die Pflanze herausreißt, hieß es früher, könne tot umfallen.
Ein Amulett, welches der Burggärtner bei seinen Führungen trägt, soll den
Zauber bannen. Andererseits galt sie als "Wunschwurzel", die zu Gesund-
heit, Liebe und Reichtum verhalf. Tatsächlich gelten Inhaltsstoffe der Wurzel
seit der Antike als starkes Narkotikum, welches einen totenähnlichen Schlaf
auslöst.

Unten: Aus dem kleinen, unscheinbaren Bilsenkraut, welches einen Rausch
erzeugt und für Schmerzmittel und Psychopharmaka Verwendung findet, so
hieß es vor Jahrhunderten, sei Flugsalbe für Hexen angefertigt worden.

Bildhintergrund: Burggärtner Jens Franke erklärt in seinem Kräutergarten kaum noch bekannte Arten und deren einstige Verwendung als Färbe-, Heil- oder Genussmittel.

Bild 1: Die schwarze Stockrose ist eine Malvenart und fand zum Färben von Lebensmitteln Verwendung, wurde aber auch gern als Zierpflanze angebaut.

Bild 2: Der Färberwaid wurde wie der Name erahnen lässt in früheren Jahrhunderten zum Färben genutzt. Insbesondere Wolle und Textilien wurden längere Zeit im Sud der vergorenen Blätter eingeweicht.

Bild 3: Schlafmohn, aus dessen verharztem Milchsaft bis heute Opiate hergestellt werden, hat einen hohen Bekanntheitsgrad. Die Samen der Kapseln werden auch zur Verfeinerung von Backwaren genutzt.

Linke Seite:
Bild 4: Die Linse gilt als eine der ältesten einheimischen Nutzpflanzen. Kaum einer wird heute noch wissen, wie schön Linsenpflanzen im Beet aussehen können. Ähnlich ursprüngliche Arten sind auch Gerste, Einkorn oder Erbse.

Bild 5: Ein frisch gebrühter Tee aus Blättern und Blüten der Zistrose galt wegen seiner die Haut straffenden Wirkung als mittelalterliches "Anti-Aging-Mittel".

Bild 6: Die duftende Rokoko-Rose ist eine beliebte alte Rosensorte.

Bild 7: Gartenmelde wurde früher einmal wie Spinat geerntet, kurz gekocht und gegessen.

Bild 8: Sprossen und Wurzel der hohen filigranen Kerbelrübe wurden ebenfalls wie Gemüse verzehrt.

Bild 9: Die zart violett blühende Indianernessel wurde einst von Kolumbus aus Amerika eingeführt und war wegen ihrer Heilkraft und dem süßlich-herben Geschmack für Tees seitdem auch in deutschen Gärten beliebt.

Bild 10: Der blau blühende Boretsch war als "Gurkenkraut" bekannt und ein beliebtes Gewürz für Salate und Speisen aller Art. Sein Saft ist entzündungshemmend.

Bild 11: Der Wurzelstock des kräftig gelb blühenden Alant verströmt einen veilchenähnlichen Duft. Das enthaltende Inulin hat eine reinigende bzw. abführende Wirkung. Die auffällige Pflanze wurde aber auch wegen ihrer attraktiven Blütenstände kultiviert.

Textildruck vor den Toren der Burg

Oben: Blick in die Werkstatt der Textilhanddruckerei vor der Burg Gnandstein. Auf schönen alten Singernähmaschinen werden die Stoffe vernäht. Von Decken, Kissen und Servietten bis zum Bild oder Kalender ist hier fast alles zu haben, was sich aus Textilien herstellen lässt. Auf Anfrage werden auch Sonderwünsche erfüllt.

Rechts: Vor der Druckwerkstatt flattern frische blau-weiße Tücher im Wind.

Unten: Nähtisch mit handbedruckten Stücken. Auch die Gardinen im Raum sind von Hand bedruckt.

Oben und rechts: Weiße Textilfarbe wird auf die Schablone der Druckplatte aufgetragen und mit einem Gummirakel verteilt. Durch die feinen Aussparungen des Gewebes gelangt sie auf die gewünschten Stellen des darunter liegenden blauen Baumwolltuches.

Ganz unten: Eine originelle Idee in blau-weißem Dekor, mit der Festgäste nicht nur ihre ganz besondere Serviette bekommen, sondern auch eine schöne Erinnerung mit nach Hause nehmen können.

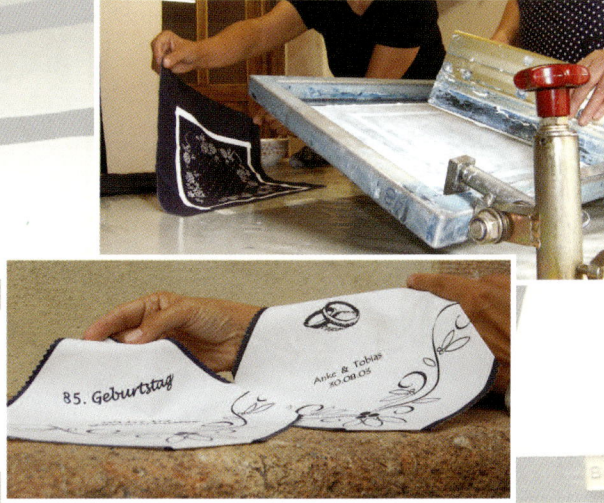

Tücher in frischem Blau und Weiß an einer Wäscheleine flattern im Sommerwind. Die alte Holztür des Fachwerkhauses steht offen. In der guten Stube surren antike Singernähmaschinen. Fleißige Hände schieben gemusterte Stoffbahnen über den Nähtisch. Nebenan in der kleinen Werkstatt wird gedruckt, kleckst weiße Textilfarbe von einem Löffel auf die Druckplatte, um sogleich mit einem Gummirakel verteilt zu werden. Ein leuchtend blaues Baumwolltuch, welches direkt darunter liegt, bekommt sein neues Dekor.

Im Siebdruckverfahren entstehen hier, zu Füßen der Burg Gnandstein, kleinere und größere Kunstwerke. Eine Idee der Agrargenossenschaft Kohrener Land. Von einer Urlaubsreise brachte die findige Vorsitzende Barbara Färber eine handbedruckte Decke mit nach Hause und ging fortan mit der Idee schwanger, eine solche Werkstatt selbst zu betreiben. Zeitgleich wurde das Agrarunternehmen umstrukturiert. Ein Umstand, mit welchem Arbeitsplätze eingespart wurden. Mit dem Textildruck haben Frauen ein neues Betätigungsfeld bekommen, so die kreative Chefin. Für die Verfeinerung ihrer Idee besuchte sie mehrere Druckwerkstätten, bis sie sich letztlich für die Technik des Siebdruckverfahrens entschied. Auf blaue Tücher aus Baumwolle werden weiße Ornamente gedruckt, angelehnt an die Dekore traditioneller Keramik, welche in der Töpferstadt entsteht und im kleinen Laden zusammen mit den bedruckten Stoffen zum Verkauf angeboten wird. 1999 im benachbarten Kohren-Sahlis eröffnet, zog die Textilhanddruckerei im vergangenen Jahr vor die Tore der Burg Gnandstein. Hier haben die Frauen nicht nur genügend Platz, sondern auch eine originelle Ausstellungsfläche. Neue Tücher werden einfach an eine Wäscheleine angeklammert, die vor dem Haus gespannt ist.

Im Rhythmus der Jahreszeiten

Oben: Vor dem Glassaal des Gutes Haferkorn lädt eine Terrasse zum Sitzen ein. Eine riesige Rotbuche direkt an der Mauer des Gutes erzählt vom Alter des großen Hofes und trennt den Garten optisch vom übrigen Gelände ab.

Rechts: Vom Garten aus hat man einen besonders schönen Blick auf Gut Haferkorn in Dobernitz. Ein Anbau aus Glas verbindet Haupt- und Nebengebäude. Der helle Raum mit der schönen Aussicht dient als Speisezimmer. Im Garten vor dem Gut sind eine idyllische Teichlandschaft, ein Kräutergarten und ein Labyrinth aus Büschen angelegt worden.

Unten: Mit seiner klassizistischen Architektur, einem großen gepflasterten Hof und einem gepflegten Landschaftsgarten erstrahlt das einstige Wohnhaus des Gutes Haferkorn heute in altem Glanze.

Links: Im Garten neben dem Gutshaus wachsen Blumen und Kräuter, die von den Gärtnern liebevoll gepflegt und mit den Jahreszeiten weiterverarbeitet werden. Unter anderem wird daraus auch der hauseigene Kräutertee getrocknet und zubereitet. Die Zutaten: Zitronenmelisse, Pfefferminze, Salbei, Malve, Ringelblumen, Thymian, Lindenblüten, Ysop und Lavendel. Aber auch Marmeladen und Gesundheitsliköre aus Kräutern und Früchten stehen auf dem jahreszeitlichen Küchenplan. Alles das gibt es nur, solange der Vorrat reicht. Nach natürlichem Angebot werden die Regale jeweils neu aufgefüllt.

Wenn der Frühling Wiesen und Wälder in sein frisches Grün taucht, laden Außenanlage zum Tagen unter freiem Himmel oder zum Ausklang eines Seminartages am Lagerfeuer ein. Aber auch gefeiert wird auf Gut Haferkorn. Nach dem Festessen bringen die Eltern ihre Kinder ins Bett, während die Gäste im Saal weitertanzen oder abends noch draußen am Feuer sitzen. Damit dies möglich ist, ließen die jetzigen Eigentümer das im 19. Jahrhundert erbaute Gebäudeensemble wieder instand setzen. Bis in die 50er Jahre wohnte und arbeitete dort die Familie Haferkorn mit ihren Mägden und Knechten. Danach war es bis 1990 Teil einer landwirtschaftlichen Produktionsgenossenschaft. Einzelne Gebäudeteile verfielen. „Uns ist schnell klar geworden, dass es eine besondere Herausforderung wird, die großen Gebäude zu beleben", erzählt Paul Ghirardini. Sein Vater hatte den Hof, dessen imposantes Wohnhaus in seiner klassizistischen Architektur so gar nicht dörflich wirkt, Mitte der 90er Jahre erworben. Zusammen mit einem Münchener Architekten wurde ein Konzept entworfen, das eine neue Nutzung ermöglicht: In der klausurähnlichen Atmosphäre von Gut Haferkorn tagen kleinere Seminargruppen, meist von sächsischen Firmen und Verbänden. Daneben finden sich auch Hochzeitsgesellschaften als kurzzeitige Bewohner ein. Die unmittelbare Umgebung des Gutes mit angrenzenden Terrassen und Grünflächen, altem Baumbestand, duftenden Kräuterbeeten, idyllischer Teichlandschaft, Saunahäuschen, Kneippbecken, Weiden mit Schafen und Spazierwegen wechselt ihr Aussehen im Rhythmus der Jahreszeiten. Die Gäste bekommen Tee aus dem hauseigenen Kräutergarten oder leckere Haferkekse, ein eigenes Rezept der Betreiberin des Hofladens. Die Feierabende kann man beim Schachspiel im Kaminzimmer, Gewölbekeller oder im arabischen Raum verbringen, der mit dicken Teppichen und Wasserpfeifen ausgestattet ist. Wer mag, kann seinen Kreislauf in der Außensauna anregen, sich im Kneippbecken abhärten, im Kräutergarten Düfte erleben und im Labyrinth seinen Gedanken freien Lauf lassen. Oder man sitzt mit den anderen zusammen und plauscht. Genächtigt wird in Gästezimmern, die bewusst ohne Fernseher und Telefon fast klösterlich, liebevoll und sparsam eingerichtet sind.

Rechts: Ramona Kühn, die für eine Bowle Waldmeister schneidet, ist die „Kräuterfee" des hauseigenen Hofladens. Die gelernte Porzellanmalerin, begnadete Köchin und Kräuterkundige hat hier die Möglichkeit, ihr Händchen fürs Kreative und Schmackhafte einzubringen.

Mitte oben: Rosenblätter, die im Sommer in der Umgebung reichlich anfallen, sind für einen Rosenlikör angesetzt worden.

Mitte unten: Gesunde und leckere Haferkekse mit Kokos und Haferflocken gehören zu den hauseigenen Rezepten des Gutes.

Unten: Blühender Waldmeister sieht nicht nur schön aus. Er kann auch zu duftendem Sirup, Bowle und Tees verarbeitet werden.

Links: Grund und Boden sind in Mittelsachsen von je her ertragreich gewesen und verschafften den Landwirten um die Jahrhundertwende Reichtum und Wohlstand, den sie nicht zuletzt mit der Größe und Architektur ihrer Wohnhäuser, Ställe und Scheunen demonstrieren wollten. So zeugt auch der breite und imposante Treppenaufgang im einstigen Wohnhaus noch vom Reichtum der früheren Gutsbesitzer. Links und rechts davon sind heute Büroräume, Küche und Hofladen untergebracht.

Mitte: Gut Haferkorn liegt ländlich aber unweit der Autobahn und hat daher eine ideale Anbindung an die Städte Leipzig, Chemnitz und Dresden. Zum Gut gehören 24 Gästezimmer, die in ihrer Art ganz bewusst sparsam eingerichtet worden sind. Nichts soll den abendlichen Abschluss der Seminare und Klausuren stören, die im landschaftlich schönen und natürlichen Umfeld stattfinden.

Unten: Blick in einen der modern eingerichteten Seminarräume, das "Wolkenkuckucksheim", bei dem die besondere Architektur mit Dachschrägen durch pastellfarbene Anstriche hervorgehoben worden ist.

Rechts oben: Im gemütlich eingerichteten Kaminzimmer können sich Gäste des Hauses nach ihren Seminaren zum geselligen Beisammensein treffen, Schach spielen oder bei einem Gespräch den Tag ausklingen lassen. Möbel aus dem Orient verleihen dem Raum ein exotisches Flair. Für Ausgewogenheit sorgen pastellfarbene Anstriche und große Glastüren, die direkt auf die Terrasse hinausführen.

Mitte: Auf einem kunstvoll geschnitzten, orientalischen Tisch steht ein aufwändig gefertigtes Schachspiel für Gäste bereit, die den Tag bei einem guten Strategiespiel mit einem Glas Wein ausklingen lassen möchten.

Unten: Im arabischen Raum, dessen Nischen mit Sammlerstücken dekoriert und dessen Boden mit dikken Teppichen belegt worden ist, steht eine Sammlung von Wasserpfeifen, die hier auch in Gebrauch sind.

Treff für Künstler, Promis und gute Freunde

Oben: Einst für eine ansässige Ziegelfabrik aus individuell gefertigten Klinkern erbaut und über und über mit Efeu und wildem Wein bewachsen, präsentiert sich der Innenhof des Zwickauer Möckelhauses in der Reichenbacher Straße heute als verstecktes, romantisches Refugium.

Rechts: Zum Grundstück gehört ein großer Garten, in dem die Künstlerin Kornelia Eleonore Hofmann eigene Skulpturen ausstellt und oft auch Künstlerkollegen ihres Mannes, Politiker oder Prominente empfängt, Feste oder Vernissagen veranstaltet.

Rechte Seite oben: Die Eigentümerin liebt Rosen und kräftige Farben und komponiert diese auch gern bei ihren liebevoll arrangierten Buffets im Garten.

Rechte Seite unten: Eine romantische Ecke mit einer langen Tafel im Freien bleibt der Bewirtung von Gästen vorbehalten. Ein Leuchter mit Kerzen sorgt abends für weiches Licht. Schmiedeeiserne Gitter im Hintergrund runden das Ensemble ab.

Auf ihr Refugium, welches nur wenige Minuten vom Zwickauer Zentrum entfernt sowohl Stadttrubel als auch einen großen Garten zu bieten hat, sind Kornelia Eleonore und Ronny-Reinhard Hofmann besonders stolz, zumal sich mit dem Klinkerbau der sächsische Baumeister und Architekt Gotthilf Ludwig Möckel verewigte, der das Haus 1868 als Musterhaus im Auftrag einer ansässigen Ziegelfabrik errichten ließ. Möckel, der Studien der Gotik und damit des mittelalterlichen Ziegelbaus betrieben hat, entwarf derartige Bauten in Backsteinarchitektur, darunter eine Reihe bekannter Kirchen und Schlösser in Sachsen.

Dabei war es eine „Liebe auf den zweiten Blick" gewesen. Als sie ihr Haus zum ersten Mal besichtigten, war das Künstlerpaar noch gar nicht so sehr angetan. "Eigentlich wollten wir weitersuchen", erinnern sie sich. Ein romantisches Fenster mit Butzenscheiben im ersten Stock habe letztlich den Ausschlag gegeben, dass sie sich auch für den architektonischen Rest des Baues zu interessieren begannen. Die Eigentümerin, die 1981 zusammen mit ihrem Mann nach Zwickau gekommen war, um mehr Platz zum Malen und Musizieren zu haben, hat mit den Jahren interessante Unterlagen zu ihrem Haus gesammelt. Adlige haben hier gelebt. Künstler und Prominente sind schon früher aus und eingegangen. Auf den zweiten Blick hatte das „Möckelhaus" auch viele architektonische Besonderheiten zu bieten, so dass sich das Paar letztlich in den alten Bau verliebte. Mit der Zeit entstand ein stilvolles Heim zum kreativen Leben und Arbeiten für beide Eltern und zwei Söhne, zwei Hunde und einen Kater. Ronny-Reinhard Hofmann betreibt heute eine Musikschule in den unteren Räumen. Kornelia Eleonore Hofmann stellt ihre Bilder und Skulpturen in Deutschland und Europa aus und nutzt den romantischen und günstig gelegenen Platz im Zwickauer Stadtzentrum auch gern zum Schreiben von Büchern. Wenn ihr der Trubel zu groß wird, zieht sich die vielseitige Frau in ihr kleines romantisches Gartenhaus zurück, welches nach ihren Ideen erbaut worden ist.

Links oben: Blick in die Wohnräume des Künstlerpaares im ersten Stock. Das Herz der Eigentümer schlägt nicht nur für die Künste, sondern auch für besonders schöne alte Stücke. Ein antiker Ofen mit Meißner Kacheln ist noch im Original erhalten. Eines der Klaviere des Hausherren und Musikers und ein antiker Stuhl runden das Ensemble ab.

Mitte: Die Hofmanns lieben interessante Treffen mit Freunden, Künstlern und Prominenten. Gerahmte Fotos in den Räumen der Zwickauer Musikschule erinnern unter anderem an Begegnungen mit dem Rockstar Udo Lindenberg, Sachsens heutigen Ministerpräsidenten Stanislaw Tillich oder der früheren Ministerpräsidentin Schleswig- Holsteins, Heide Simonis.

Darunter: Jeder Raum des Möckelhauses hat sein individuelles Farbkonzept bekommen. Das Wohnzimmer, der "rote Salon", strahlt mit seinen roten Wänden, vergoldeten Gefäßen und einem gemütlichen Kamin besonders viel Energie und Wärme aus.

Rechte Seite: Das Musikzimmer im Erdgeschoss bleibt den Proben des Musikers mit Kollegen vorbehalten. Hohe Bücherregale stehen an den Wänden. Originelle Idee der Eigentümerin: Ein großes Wandmotiv mit Bibliotheksregalen setzt die angrenzende Wand des Raumes besonders in Szene und bringt zugleich Tiefe hinein.

Rechts: Der ans Haus angrenzende Garten liegt nur wenige Minuten vom Stadtzentrum entfernt und bietet den Eigentümern dennoch genügend Ruhe und Platz zum Entspannen. Kornelia Eleonore und ihr Ehemann Ronny-Reinhard Hofmann führen ganz bewusst ein offenes Haus und laden gern Gäste ein, die das grüne Refugium mit hohen Bäumen und Skulpturen zum Feiern und Plauschen nutzen.

Ihre Liebe zu kräftigen und gleichermaßen ausgewogenen Farbenspielen kehrt auch in der Wahl der Blumen wieder, welche die Zwickauer Malerin und Autorin in den Jahren seit ihrem Einzug gepflanzt hat. Blaue Hortensien säumen eine Holzbrücke, die über den Seerosenteich führt.

Unten links: Ein Seitengebäude des Klinkerbaues wurde früher einmal als Pferdestall genutzt. Ein großer, ebenfalls aus Klinkern gemauerter Rundbogen, der von den Eigentümern verglast worden ist, erinnert heute noch daran. In den Räumen ist die Musikschule eingerichtet.

Oben: Maler und Autoren wissen um die unterschiedliche Ausstrahlung von Orten und nutzen diesen Umstand bewusst, wenn sie kreativ arbeiten möchten. Für Kornelia Eleonore Hofmann ist ihr Gartenhaus zum kreativen Reich geworden, in dem die Künstlerin schreibt und gern auch einmal ihren Tagträumen nachhängt. Am Eingang hat sie ein Zeitfenster in den Fußboden eingelassen, welches den Eintretenden nicht nur mit einem "Salve" willkommen heißt, sondern auch auf das Datum der Erbauung ihres gemütlichen Refugiums hinweist.

Unten: Die Künstlerin liebt blaues Glas, welches sie seit vielen Jahren mit Hingabe sammelt. Einige der Stücke wie die Biedermeiergläser mit Emaillebemalung sind besonders aufwändig gefertigt. Andere sehen einfach nur schön aus und komplettieren die zauberhafte Sammlung.

Bildhintergrund: Musikinstrumente im Garten erzählen vom Beruf und der Musikalität seiner Bewohner. "Vor vielen Jahren haben wir gemeinsam mit anderen in einem Mehrfamilienhaus in Weimar gelebt. Damals arbeiteten wir noch am Deutschen Nationaltheater Weimar. Da störten wir unsere Nachbarn oft mit der Musik", erinnert sich das Künstlerpaar. Heute können sie ihren kreativen Intentionen nachgehen, so oft sie mögen.

Töpfern, Feiern und Entspannen

Oben: Monika und Gerhard Seidel haben sich auf ihrem Hof in Sachsenburg ein idyllisches Refugium der Kreativität und Erholung geschaffen. Das Paar lebt hier mit Ponys, Eseln und einer Katze und genießt die ländliche Ruhe.

Rechts: Blick in den Innenhof mit einem Brunnen, welcher in Form und Farbe an Bauwerke von Gaudí oder Hundertwasser erinnert. Überall auf dem Hof sind Keramiken der Eigentümerin und der Nachbarin zu finden. Die Frauen betreiben hier eine eigene Keramikwerkstatt. Die farbenfrohen Erzeugnisse der Freundinnen sind im eigenen Hofladen ausgestellt.

Unten rechts: Das sanierte Wohnstallhaus des Seidelhofes bietet vom Garten aus einen bezaubernden Anblick. Den früheren Bauerngarten haben die Eigentümer für ihre eigenen Zwecke in einen großen Wohngarten mit Terrasse und Teich umgewandelt.

Rechte Seite oben: Die ursprüngliche Fassade mit Fachwerk ist von den Eigentümern saniert worden und erstrahlt heute in neuem Glanze.

Rechte Seite Mitte: Zum Hof gehören zwei Ponys, zwei Esel und eine Katze, die auf dem weitläufigen Grundstück genügend Auslauf haben.

Rechte Seite unten: Dem großen Hofbrunnen hat die kreative Lehrerin mit einem bunten Mosaik aus Scherben und einer Säule aus eigenen Keramiken einen ganz eigenen Charakter verliehen.

Wenn Monika und Gerhard Seidel von ihrem Hof in Sachsenburg sprechen, kommen beide ins Schwärmen. Hier leben die Regensburger und Wahlsachsen ihren Traum vom freien Landleben. Zwei Ponys, zwei Esel und eine Katze gehören mit zum Haushalt. Monika Seidel, die in Regensburg als Lehrerin arbeitet, widmet sich in jeder freien Minute dem großen Garten, wo alles grünt und blüht, oder formt wunderschöne, bunte Keramiken in ihrer Werkstatt, welche die vielen Winkel und Nischen in Haus und Hof zum Leuchten bringen. Gerhard Seidel, der seine Anwaltskanzlei in Chemnitz hat, genießt ganz besonders den Feierabend und die ländliche Idylle auf dem Hof.

Eine breite Terrasse aus Naturstein verbindet den großen, von dicken Holzbalken getragenen Wohnraum und den weitläufigen Garten mit Koppel und Seerosenteich. Den früheren Bauerngarten hat das Paar in einen Wohngarten mit Trockenmauern umgewandelt. Sommersonne scheint durch die hohen Fenster und taucht das Innere des schönen Gewölberaumes in goldenes Licht. Hier war früher der Rinderstall, erzählt Gerhard Seidel. Auf dem Anwesen wurde seit Jahrhunderten Viehwirtschaft betrieben. Davon zeugen An- und Umbauten, die in der langen Geschichte des Vierseithofes wiederholt vorgenommen worden sind. Nach dem Erwerb im Jahre 2001 ließen die Liebhaber alter Bausubstanz zunächst das Herz der Anlage, das große Wohnstallhaus, sanieren und packten dabei auch selbst kräftig mit an. Störende Fremdkörper und Bausünden der jüngeren Vergangenheit wurden beseitigt, das alte Fachwerk hervorgeholt, Deckenbalken freigelegt, die alten Steinböden restauriert. Die frühere Bauernstube mit ihren beeindruckenden hölzernen Deckenbalken ist heute eine gemütliche Gaststube, die man auch mieten kann. In der großen Küche nebenan, die wahlweise auch zur Partyküche umfunktioniert wird, kann gemeinsam gekocht werden. Auch in den oberen Etagen ist der für alte Höfe typische Mittelgang wiederhergestellt worden, von dem man zu beiden Seiten in eine Vielzahl von Zimmern gelangt, in denen Gäste einen gemütlichen Landurlaub verbringen und übernachten können.

Im früheren Pferdestall gibt es heute eine Keramikwerkstatt. Ein kreatives Refugium, welches der Eigentümerin viele schöne Keramiken und auch eine neue Freundin bescherte. Martina Heller, die in der Nachbarschaft wohnt, schaute der neuen Nachbarin ab und an beim Töpfern über die Schulter. Mit der Zeit entdeckten beide Frauen, dass sie trotz oder gerade wegen der unterschiedlichen Vergangenheit viel verbindet. Martina Heller erlernte von Monika Seidel die Technik der Aufbaukeramik, um schließlich im Seidelhof ihren eigenen Keramikladen zu eröffnen. Das Konzept der Eigentümer, einen offenen Hof zu führen, ist nicht zuletzt mit den Hoffesten aufgegangen, die hier jedes Jahr stattfinden. Kunsthandwerker der Region bekommen die Möglichkeit, auf dem Seidelhof ihre eigenen Waren feilzubieten. Gekocht und gefeiert wird dann gemeinsam in der großen Hofküche und Bauernstube.

Oben: Einen wunderschö-
nen Wohnraum, der den
Innen- und Außenbereich
mit hohen Fenstern verbindet, haben die Eigentümer
im ehemaligen Rinderstall
geschaffen. Hölzerne Dek-
kenbalken überspannen den
großen Raum, aus welchem
man eine traumhafte Aus-
sicht auf die umliegende
Landschaft des Vorerzgebir-
ges genießt. Monika Seidel
sammelt Antiquitäten, alte
Lampen, Möbel und Teppi-
che und hat das große
Wohnzimmer damit liebe-
voll ausgestattet.

Unten rechts und rechte
Seite unten: Die Idee, den
schönen, großen Raum mit
einer Außenterrasse zu verbinden, kam den Bewoh-
nern, als sie Teile des
früheren Rinderstalles entfernten. Heute dient das mit
Natursteinen gepflasterte
Areal zur Entspannung im
Freien.

Rechts: Monika und Gerhard Seidel mögen ein offenes Hofleben. Zu diesem Zweck haben sie Räume im Erdgeschoss so gestaltet, dass sie von Freunden und Gästen genutzt werden können. Die frühere Bauernstube mit Holzbalkendecke kann zum Feiern auch gemietet werden. Gekocht wird nebenan in der großen Küche des Seidelhofes.

Die beiden führen ein gastliches Haus und feiern jedes Jahr ein großes Hoffest, zu dem Händler und Kunsthandwerker aus dem Umland ihre Waren auf dem Hof feilbieten können. Dann wird hier zusammen gegessen und bis in die Abendstunden gefeiert.

Oben: Unter dem Gewölbe des früheren Ziegen-
stalles ist ein Hofladen entstanden, in dem die
mit der Eigentümerin befreundete Keramikerin
Martina Heller ausstellt und verkauft. Die
Freundschaft der beiden Frauen ist durch die
Nachbarschaft und die Liebe zum Kunsthand-
werk entstanden. Martina Heller hatte der neuen
Nachbarin beim Töpfern zugeschaut und auch
Lust bekommen, sich darin auszuprobieren.
Schon bald erlernte sie selbst die Kunstfertigkeit,
mit Ton und Glasuren umzugehen.

Mitte und unten: Farbenfrohe Keramiken der
beiden Frauen mit originellen Details schmücken
Haus und Hof. Auf einem großen alten Holzbalken neben einer Sammlung von Feld- und Fluss-
steinen "wachsen" Keramikblumen in die Höhe.
Neben Blumen und maritimen Motiven formt die
Sachsenburgerin bunte Säulen, welche aus einzelnen Stücken wahlweise zusammengesetzt
werden können, in Form und Farbe variieren und
das ganze Jahr über schöne, bunte Farbtupfer in
den Garten zaubern.

Links und Mitte: Eine der Säulen aus Keramik wird direkt an der Hofeinfahrt zum farbigen „Willkommen". Martina Heller lehnt sich gern an Dinge an, die sie in der umliegenden Natur findet. Der Fisch ist gleichermaßen eine Hommage an die sie umgebenden Teiche.

Kunsthandwerk und Natur auf eine ganz eigene Art miteinander zu verbinden, ist auch das Ansinnen von Monika Seidel, die als besonderes Accessoire für den eigenen Seerosenteich im Garten ein witziges Pärchen mit Badenixe und Angler gefertigt hat.

Idyllisches Stadtatelier

Oben: Blick ins Chemnitzer Atelier von Annekatrin Schönert. Mit Hingabe verziert Künstlerin Manuela Hain eine Frauenfigur, die vor Ort im Rahmen eines Projektes angefertigt worden ist.

Rechts: Schon fast zu idyllisch für ein Stadtatelier ist der von großen Bäumen beschattete Anbau im Hinterhof, in dem die Designerin und Keramikerin ihr kreatives Refugium hat. Früher gehörte der Ziegelbau mit den großen Fenstern dem Großvater ihres Lebensgefährten, der ein bis in die Dachspitze verglastes Fotoatelier betrieb. Heute ist hier eine Keramikwerkstatt mit Ladengeschäft eingerichtet.

Unten: Blumenbeete zwischen hohen, schützenden Mauern bringen den Sommer in den Hof und die wunderschönen Keramiken von Annekatrin und Manuela zum Leuchten.

Rechte Seite oben: Die Designerin und Keramikerin Annekatrin Schönert entwirft leidenschaftlich gern neue Gebrauchsformen, die sie wahlweise mit eigenen Motiven verschönt, welche von ihr mit einer Nadel in die feuchte Glasur gezeichnet werden.

Darunter, von oben nach unten links: Mokkatassen und Becher mit Schwarz-Weiß-Glasur und glänzenden Platinauflagen; ein Keramikvogel aus einer Serie zum Hängen; eine schwarze Teekanne mit passender Schale und Blick in das Ladengeschäft der Keramikerin in Chemnitz.

Es ist ein beschauliches Stadtviertel am Rande von Chemnitz, in dem Annekatrin Schönert mit Lebensgefährte Ronald Weise und Töchterchen Jil Ena lebt. Ein blaues Banner vor dem Ladengeschäft lenkt neugierige Blicke ins Innere, wo das Herz des kreativen Schaffens schlägt. Im Hof des Hauses, von der Straße her kaum zu erahnen und mit seinen großen alten Bäumen und bunten Blumenbeeten fast zu idyllisch für ein Stadtatelier, hat die diplomierte Designerin ihren Arbeitsplatz eingerichtet. Hier entwirft, formt, verziert und brennt sie ihre kunstvollen Keramiken, unterstützt von der Keramikerin Manuela Hain. Es ist eine fruchtbringende Symbiose, welche beide Frauen gleichermaßen zu schätzen wissen. Zusammen arbeiten, das bringt Kraft und Inspiration, sind sie sicher.

Annekatrin, die ihre Keramikwerkstatt "annTON" genannt hat, weiß den Glücksumstand zu schätzen, dass der Großvater ihres Lebensgefährten Fotograf war und hier sein Studio hatte. Bis in die Dachspitze verglast, gestattete das Domizil im Hof schon in den 30er Jahren Tageslichtaufnahmen, die in ihrer Art einzigartig waren. Im Krieg zerstört, war der Anbau lange Zeit notdürftig repariert und fristete ein trauriges Dasein als Lager. Mit der Eröffnung der Keramikwerkstatt in den neuen Räumen gelangte das kreative Refugium zu neuen Ehren. Von der Straßenseite begehbar und durch mehrere Räume verbunden, war der geschützte helle Ort nahezu ideal für die neuen Pläne der Designerin, die hier ihr eigenes Reich eingerichtet hat, Workshops veranstaltet, Feste feiert und Freunde einlädt. Beim Arbeiten zuschauen kann man ihr an den Tagen des offenen Ateliers jeweils zwei Wochen vor Ostern und am ersten Adventswochenende (folgende Seiten).

Linke Seite: Inmitten weiß blühender Pflanzen kommen die von Hand gefertigten Becher mit ihrer feinen weißen Glasur besonders zur Geltung. Links unten dazu ein passender Leuchter. Mit ihren schwungvoll angelegten Zeichnungen möchte die Kunsthandwerkerin den Betrachter verzaubern und zeigen, dass Keramiken auch leicht und fast zärtlich sein können.

Oben: Blick in die Galerie der Werkstatt. Im Vordergrund Schale und Übertopf von Annekatrin in einem archaischen Design.

Hier veranstaltet die Designerin das ganze Jahr über Workshops und Kurse und lädt zweimal pro Jahr (jeweils zwei Wochen vor Ostern und am ersten Adventswochenende) zum Tag des offenen Ateliers ein.

Auch andere Künstler bekommen die Möglichkeit, sich auszuprobieren. In themengebundenen, multimedialen Projekten können zudem Teilnehmer ihre eigenen Ideen umsetzen.

Solide und formschön bauen wie in alter Zeit

Oben: Der Giebel des Wohnhauses der Familie Wagner in Choren mutet auf den ersten Blick an wie der eines frisch sanierten Bauwerkes aus längst vergangener Zeit. Dabei ist das schöne Haus mit hellem Putz, sichtbaren Holznägeln, geschwungenen Dachrinnen und kunstvoll verzierten Ständern ein Neubau und nach den Vorstellungen der Bauherren von Michael Weber aus Wendishain errichtet worden.

Vor Jahren beschloss der traditionsbewusste Bauunternehmer, sich intensiv mit dem Fachwerkbau zu befassen. Die gute Resonanz gab ihm Recht. Immer mehr Bauherren der Region interessieren sich mittlerweile für Möglichkeiten des Fachwerkneubaues, nicht zuletzt wohl auch deshalb, weil die formschönen Bauten ganz ohne Argumente nur durch ihr Äußeres auf sich aufmerksam machen.
Für den Familienbetrieb aus Choren lag die Entscheidung nahe, traditionsbewusst und naturnah zu bauen und dafür einen Fachmann aus der Region zu suchen. Seit vielen Jahren befassen sich Vater und Sohn mit der Nutzung alternativer Energien.

Links: Das Wohnhaus der jungen Familie mit Teich von der Gartenseite aus. Direkt gegenüber liegt das Bürohaus, welches als Pendant in derselben Bauart errichtet wurde und wie in alter Zeit den Hofcharakter des Grundstückes herstellt.

Rechts: Mit viel Aufwand ist auch die Außenanlage gestaltet worden. Leuchtend bunte und zutrauliche Kois leben im Schwimmteich, zu dem eine Holzterrasse hinführt.

Die Tradition, Fachwerkhäuser zu errichten, ist uralt und bestimmt noch heute das Bild ganzer Altstädte und Dorfkerne. In einer Zeit, wo man überwiegend zweckgebunden baut, wird die kontrastreiche und natürliche Struktur der Außenwände mit Holz und Putz ein Labsal für Augen und Sinne. Dabei ist längst nicht mehr nur Romantik im Spiel, wenn sich umweltbewusste Individualisten wie die Firma Solartechnik Wagner in Choren für die traditionelle Bauweise entscheiden. Es sind vor allem auch die komfortablen Wohneigenschaften, welche hier den Ausschlag geben.

Wen wundert's, wenn alternative Energien und natürliche Ressourcen wie Regenwassernutzung oder Photovoltaikanlagen den beruflichen Alltag der Bauherren bestimmen. Vater und Sohn haben schon vor Jahren eine der größten Anlagen in Sachsen in Betrieb genommen und möchten natürlich auch privat clever und effizient mit Energie umgehen. Wohnhaus und Büro der Familie, beide von Michael Weber aus Großweitzschen erbaut, leuchten heute weithin sichtbar über der Anhöhe der kleinen Gemeinde. Die Bauten sind formschön und fügen sich hervorragend in das Dorfbild ein. Viel Holz, das im gesamten Hausinneren ein goldiges Licht verbreitet, ist hier im Verbund mit Lehmsteinen verbaut worden. Im neuen "Sachsen-Fachwerkhaus", dessen großer Wohn- und Essbereich mit seinen dicken Deckenbalken fast wie der eines frischgebackenen Eigentümers vor hunderten von Jahren anmutet, herrscht ein hervorragendes Raumklima. Große Schiebetüren trennen die Räume ab. Das Treppenhaus ist weit, hell und einladend. In der oberen Etage mit Schlaf- und Kinderzimmern bleibt genügend Raum für die weitere Familienplanung. Die junge Familie schätzt das herrliche Gefühl einer natürlichen Umgebung und einer sparsamen Heizung, die ihre wohlige Wärme an kalten Tagen auch aus den Wänden ins Rauminnere abgibt. Abgerundet wird das harmonische Ambiente durch eine liebevolle Gestaltung der Außenanlage mit Schwimmteich, Nutz- und Ziergarten.

Oben: Wie in alter Zeit halten achtkantige Eichenholznägel das Fachwerk zusammen. Langsam gewachsene Eichenhölzer mit schmalen Jahresringen garantieren Qualität und Langlebigkeit. Michael Weber, der die beiden Häuser nach den Vorstellungen der Familie konzipierte und baute, entschied sich vor Jahren ganz bewusst für eine Neubelebung des Fachwerkes in der Region.

Unten: Liebe zum Detail wird sogar bei den Dachrinnen sichtbar, die das Haus in Form von Schwanenhälsen flankieren.

91

Links: Solarmodule auf einem Fachwerkhaus sind in Zeiten knapper werdender Ressourcen kein Stilbruch, sondern eine zeitgemäße Art, Tradition und Moderne zu verbinden, um natürliche Energien zu nutzen. Unsere "heimische" Sonne schenkt uns täglich eine Energiemenge, welche den Energiebedarf des ganzen Landes um das etwa Achtzigfache übersteigt und gilt deshalb als zuverlässiger und effizienter Energielieferant. Vorteilhaft ist es auch, Sonnenstrahlen mit großen Fenstern einzufangen (kleines Foto links unten).

Welch angenehmes Klima in Fachwerkhäusern herrscht, wird jeder wissen, der schon einmal in einem alten Bauernhaus zu Gast war. Im Winter wird Wärme gespeichert. Im Sommer bleibt es drinnen angenehm kühl. Die mit dem Fachwerk verbauten Rohstoffe wie Holz, Lehm, Schilf oder Hanf sind solche aus der Natur und haben deshalb ausgezeichnete Dämmeigenschaften, garantieren einen sparsamen Energieverbrauch und eine positive CO_2-Bilanz.

Oben: Gekalkte Hölzer der Küchen-
möbel und -regale sowie leichte
Korbstühle harmonieren perfekt mit
dem Goldton des offenen Wohn- und
Essbereiches. Glastüren führen direkt in den Garten. In traditioneller
Art ist das Fachwerk auch innen
sichtbar, überspannt eine schöne
Holzbalkendecke den großen Raum
in seiner ganzen Breite und Länge.

Links: Formschöne Lampen aus
Gips erhellen die Holztreppe, welche in die obere Etage führt. Hier ist
genügend Raum für Schlafräume
und Kinderzimmer. Architektonisch
perfekt ist die Einheit aus Holz und
hellem Putz, welche sich in allen
Räumen des Hauses fortsetzt und ein
Gefühl von Harmonie erzeugt. Auch
im Inneren sind die dicken, soliden
Holznägel sichtbar geblieben. Die
verzierten Ständer haben wie überall
im Haus nicht nur eine tragende,
sondern auch eine schmückende
Funktion übernommen.

Rechts: Die Familie weiß die Annehmlichkeiten eines naturverbundenen Wohnens zu schätzen. Weit und hell sind Eingangsbereich und Flur zum Fachwerkhaus, welches sich die Eigentümer bauen ließen. Hohe Türen führen in das große Wohn- und Esszimmer. Auch hier zeugen aufwändig verarbeitete Ständer von solider Baukunst und der Liebe zum Detail.

Unten: Schön und praktisch zugleich ist die offene Wohnform. Vom Wohn- und Esszimmer der Familie gelangt man ohne Tür in die Küche, welche ebenfalls durch hölzernes Fachwerk abgetrennt wird, das hier nicht ausgefacht worden ist und einen freien Blick bis in den hintersten Winkel des großen Raumes zulässt.

Der Weg des Holzes

Oben: Die konkave Struktur eines „Urushi-holztisches" schimmert im Lampenschein. Die archaisch anmutende Oberfläche aus dem Leipziger Atelier Gerstenberger wird mit einem japanischen Speerhobel von Hand hergestellt.

Rechts: Der Speerhobel im Einsatz. Die scharfe Schneide des japanischen Werkzeuges ist so beschaffen, dass sie dem Handwerker ein kreatives Arbeiten von Hand erlaubt. In Japan ist der Speerhobel als "Yarriganna" bekannt. Die typische Struktur auf der Holzoberfläche wird mit Feingefühl und entsprechender Übung erreicht.

Unten: Ein formschöner „Nejirihocker" mit stabilen Holzverbindungen. Das orangefarbene Polster wurde für das handgefertigte Möbel ebenfalls von Hand genäht und bezogen.

Exponate aus dem Programm "The Way of Wood" von oben nach unten: Schreibtisch mit neuen Elementen in traditionellem Pultdesign; "Charlie-chair" für Kinder; Beistelltisch im Schachbrett-Design; Hocker mit japanischer Holzverbindung, konkaver Form und Struktur.

Kraftvoll, formschön und ausgewogen sind sie, die Stücke von Clemens Gerstenberger, wenn sie das Leipziger Atelier verlassen. Die Proportionen müssen stimmen, sollen sich nicht in den Vordergrund drängen, vielmehr mit alten und neuen Stücken harmonieren und in ihrer Beschaffenheit doch etwas Besonderes bleiben, beschreibt der Handwerker seine anspruchsvollen Intentionen. Seit er denken kann, lebt der Tischlermeister und Designer für den Werkstoff Holz. "The Way of Wood" heißt seine Firma und der Name steht für das Faible des 43-Jährigen.

Der Hang für Nischen und Besonderes hat Clemens Gerstenberger mit der Zeit hin zum japanischen Design geführt, ursprünglich einem einzigen Werkzeug geschuldet, das er als Jugendlicher in die Hände bekam. Es war eine japanische Säge, die nur auf Zug arbeitete und sehr gut zu handhaben war, erinnert er sich. Nach der Wende erlernte der Leipziger dann bei einer Freundin die japanische Sprache und bereist seitdem immer wieder das Land seiner Träume, stets mit dem wachen Blick für das hochwertige asiatische Holzhandwerk.

Exotische Stücke wie „Urushitisch" oder „Nejirihocker" aus eigener Fertigung stehen heute in seinem Atelier. Die Formen sind weich und kompakt, die Oberflächen schimmern verführerisch, sind teils per Hand behobelt, so dass sie anmuten, als ob sie wertvolle Fundstücke aus längst vergangener Zeit wären. Jedes Jahr verlässt der Handwerker für Wochen oder Monate seine Leipziger Heimat, um zu Arbeitsaufenthalten in Japan zu weilen, sich mit Land, Leuten und handwerklichen Traditionen vertraut zu machen. Erfahrungen, die er nicht mehr missen möchte, bringen sie ihn doch jeweils ein Stück weiter, inspirieren ihn bei der Umsetzung neuer Ideen, wie der Holzverbindung mit den konisch verlaufenden Zinken (links unten). Eine Art, die im Herkunftsland in Tempeln zum Einsatz kommt. "Unkaputtbar" sei diese, mit keiner herkömmlichen Maschine herzustellen, zudem schön und kraftvoll im Design, schwärmt Clemens Gerstenberger. Atelier und Wohnung hat er in den Jahren mit einschlägiger Fachliteratur angefüllt. Regale beherbergen Schätze wie den japanischen Speerhobel. "Yarriganna" heißt dieser und lässt im richtigen Winkel und mit viel Feingefühl an der Holzoberfläche angesetzt, eine wunderschöne konkave Struktur auf der Holzoberfläche entstehen, die den Exponaten ihren unverwechselbaren Zauber verleiht.

Oben: Mit Hammer und Stecheisen werden die konischen Zinken herausgestemmt, die den Stücken letztlich Funktionalität und Design verleihen. Die traditionelle und vor allem stabile Art der Holzverbindung stammt aus Japan und kommt dort insbesondere bei Sammelbehältern in Tempeln zum Einsatz.

Unten: Ein fertiger Hocker mit der für die Tischlerei typischen Holzverbindung vor einem Bambusstrauch. Die Schönheit des gemaserten Holzes und die ungewöhnliche Art der Verarbeitung gehen hier eine einmalige Verbindung ein.

Leben ist Kunst

Oben: Eine der großen Holzstelen, die der Kunsthandwerker Stefan Eger aus Fundholz gefertigt hat.

Unten: Freunde sitzen um eine seiner selbst kreierten Feuertonnen. Grillen ist auf diese Art auch in der kälteren Jahreszeit möglich.

Besonderer Vorteil: Der Grill ist leicht zerlegbar, drehbar gelagert und somit auch zum Mitnehmen in die Natur geeignet.

Jede Feuertonne ist zugleich ein Kunstobjekt und damit auch ein signiertes Unikat, das in Form, Größe und Anzahl der Grillplatten variiert.

Der Feuertonnengrill ist eine Eigenentwicklung des Grünaer Kunsthandwerkers Stefan Eger. Das Besondere: Auf den außen angebrachten Scheiben können die Speisen ausschließlich durch Strahlwärme sanft garen. So gelingen nicht nur Steaks und Würstchen, sondern auch Fisch, Pizza und überbackene Schnitten perfekt. Im Winter wird es zum Erlebnis, sich am Feuertonnengrill zu wärmen und darauf Glühwein oder Tee zu erhitzen.

Gebrauchsgegenstände nicht nur funktionell, sondern auch originell und ästhetisch zu gestalten, ist der Anspruch des Kunsthandwerkers Stefan Eger. Eigentlich hatte er die Handwerksberufe Gürtler und Zimmerer erlernt. Mit den Jahren gab es dann mehr und mehr Stücke, die der Autodidakt auf seinem Hof am Rande von Chemnitz seiner ganz individuellen Veränderung unterzogen hat.

Geschwungene Formen, die in seinen Exponaten zu finden sind, setzen sich auch in den Wohnräumen des 37-jährigen fort, deren Wände von ihm mit einer Mischung aus Gewebe, Gips, Holz und Farben höhlenartig gestaltet worden sind (folgende Seiten). Störende Strom- und Wasserleitungen und die dazugehörige Technik verschwinden hinter den originellen Wandverkleidungen.

Vor zehn Jahren wagte Eger, der damals noch als Handwerksgeselle tätig war, den Sprung in die Selbstständigkeit. Anfangs war er als Allroundhandwerker auf verschiedenen Baustellen tätig. Mit den Jahren verschob sich der Tätigkeitsbereich des kreativen Chemnitzers immer mehr in künstlerische Richtungen. Dabei experimentiert er mit den unterschiedlichsten Materialien, wie Holz, Glas, Stein, Metall, Lehm oder auch Kunststoffen, die er wahlweise kombiniert. Immer mehr Freunde und Bekannte bekamen schließlich „Wind davon", was Eger in Haus und Werkstatt „treibt" und nutzen dessen Faible für besondere Details nun zunehmend für die Umsetzung eigener Wünsche. In den ersten Jahren seiner Selbständigkeit wehrte sich der Sohn eines Landwirtes noch mit Händen und Füßen gegen das Künstlerimage, doch im Laufe der Zeit akzeptierte er schließlich diese neue Seite seiner Persönlichkeit und lebt sie nun immer bewusster. Die Besonderheit in den Dingen erspüren und diese herausholen, das ist es, was den leidenschaftlichen Autodidakten immer wieder motiviert. „Kreativität kommt von der Quelle allen Seins und wenn es uns gelingt, einen besseren Zugang zu ihr zu schaffen, indem wir die Grenzen in unserem Denken überwinden, kommen wir unserer wahren Bestimmung immer näher", so Eger über seine Lebensmaxime. Eine Möglichkeit für diesen Entdeckungsweg bietet für ihn der Feuerlauf, den der Kunsthandwerker seit einigen Jahren für sich entdeckt hat und den er jetzt nach einer entsprechenden Ausbildung als Selbsterfahrungs-Seminar auch weitergibt (folgende Seiten).

Oben: Stehle aus der Kollektion "Feuer-Holz". Der Grünaer Kunsthandwerker Stefan Eger ist immer auf der Suche nach interessanten Fundstücken und besonderen Materialien. In diesem Fall rettete er diese recht seltenen und auch überdimensionalen Holzstücke nicht nur vor dem Kamin, sondern verwandelte sie in einmalige Holzkunstobjekte.

Unten: Sessel aus Ulmenholz. Die runde und lebendige Struktur erinnert an eine Blüte. Der Kronenknoten eines riesigen Zwillingsbaumes bildete die Grundlage dieses Schmuckstücks. Die glatte Oberfläche verführt unweigerlich zum Berühren.

Linke Seite: Eine besondere Saunalandschaft mit weichen runden Formen hat Stefan Eger für einen Bekannten gestaltet. Das Innere der Erdgeschossräume ist mit einer sternenförmigen Balkenkonstruktion und einer besonderen Wandgestaltung komplett verändert worden. Konsole, Spiegel und Lampen sind darin eingelassen. Eine Saunabank mit ebensolchen runden Formen lädt zum gemütlichen Verweilen ein.

Oben: Feuer ist das bevorzugte Element des Kunsthandwerkers. Seinen Intentionen folgt Stefan Eger als "Feuerläufer". Die Kunst, auf nackten Sohlen unbeschadet auf glühenden Kohlen zu schreiten, hat er vor Jahren bei einem Seminar in Frankreich erlernt und diese Fertigkeit seitdem in eigenen Kursen an interessierte Teilnehmer in der Heimatregion weitergegeben. Es handelt sich um eine besondere Erfahrung, die zum eigenen Kräftepotenzial zurückführt und gleichzeitig ein wunderbares Gemeinschaftsgefühl schafft, schildert der Chemnitzer.

Mitte: Ein kunstvoll gefertigter Schlüssel aus der Kollektion von Stefan Eger.

Rechts unten: Stillleben mit Spiegel, Pflanze und Leuchter im Hausflur des Kunsthandwerkers. Auch hier sind Spiegelglas und Lampe neben dem Fenster direkt in die Wandverkleidung integriert worden.

Unten: Blick in die Küche, in welcher ein Wandregal auf dieselbe Art so harmonisch in eine Nische eingefügt worden ist, als ob es schon immer an diesem Ort gewesen wäre.

Mediterranes Flair mit weichen Formen und leuchtenden Farben

Oben: Von der Gartenseite betrachtet, mutet das von Peter Rehe erbaute Wohnhaus in Marschwitz mit Zinnen, Türmchen, Mosaiken und Malereien fast wie eine Lokomotive an. Inspiriert von den Farben und Formen spanischer Architektur hat der findige Bauunternehmer südliches Flair ins heimatliche Muldental geholt.

Rechts: Ein Fenster-Auge mit Weltkugel, das "Auge der Welt", wird zum optischen Zentrum der nach oben abgerundeten Giebelwand.

Unten: Die Ecken des Hauses werden von Türmchen flankiert, welche mit Kugeln aus Keramik bekrönt und mit dem für südliche Gefilde typischen Mosaik verziert worden sind. Die auffälligen Komplementärfarben der Fassade in Türkis und Orange sorgen für Urlaubsflair und setzen das Haus zusätzlich in Szene.

Rechte Seite oben: Mit seinem Fenster-Auge, dessen Iris eine Weltkugel darstellt, scheint das Marschwitzer Gaudí-Haus auf seine ganz besondere Art lebendig und auf die umliegenden Felder zu schauen.

Rechte Seite unten: Zinnen, Türmchen und Mosaik sind auch an der gegenüberliegenden Giebelseite zu finden. Mit blauen Kugeln aus Keramik, welche in die Fassade eingelassen wurden, sind zusätzlich kunstvolle Akzente gesetzt worden.

Mit kunstvollem Fliesen-Mosaik, anmutig verzierten Türmchen, unsymmetrischen Fensterformen und leuchtender Fassade darf das "Gaudí-Haus" in Marschwitz bei Leisnig wohl als eines der ungewöhnlichsten in der Gegend bezeichnet werden. Für den ehemaligen Eigentümer und Bauherren Peter Rehe war der aufwändige Bau eine Hommage an wunderschöne Urlaubstage in Spanien, von denen er sich eine Fülle an Inspirationen mit nach Haus nahm. Fasziniert vom Architekten Gaudí, welcher in Barcelona eine Vielzahl berühmter Bauten mit seinen unverwechselbaren Fliesen-Mosaiks verzieren ließ, wollte der Bauunternehmer gern adäquate Ideen in seinen künftigen Wohnsitz einfließen lassen. Dass er den Ort dafür in einer kleinen Gemeinde am Muldenufer ausgesucht hatte, welcher weitaus seltener von der Sonne verwöhnt wird, stellte für ihn kein Hindernis dar. Mit leuchtenden Farben und kreativen Ideen, so war er sicher, würde auch an grauen Tagen Urlaubslaune einkehren.

Peter Rehe hatte bereits mit dem Um- und Ausbau des ehemaligen Rittergutes begonnen. Für die Gestaltung der oberen Etage zeichnete der innovative Bauunternehmer kurzerhand einen neuen Entwurf. Mit einer befreundeten Landschaftsarchitektin feilte er an Formen und Farben. Herausgekommen ist letztlich ein neuer Stil aus Gaudí und Rehe, schmunzelt er. Die Konstruktion für das abgerundete Dach in Korbform wurde aus verleimtem Pappelholz hergestellt, weil dieses wie kaum ein anderes flexibel und stabil ist. Die Kupferplatten für die Dachhaut wurden aus gerolltem Material geschnitten. Das Fliesenmosaik ist aus Restposten hergestellt worden, die in kleine Stücke zerschlagen und für den Zweck an der Fassade und im Inneren des Hauses kunstvoll zusammengefügt worden sind. Die Anfertigung der unsymmetrischen und abgerundeten Fenster hat eine Firma der Region übernommen. Eines in Augenform mit Weltkugel, das "Auge der Welt", schaut heute aus der abgerundeten Giebelwand auf die umliegenden Felder. Nicht zuletzt bringen die Fassadenfarben in Türkis, Beige und Orange die südlich inspirierte Architektur zum Leuchten.

Peter Rehe lebt nebenan mit Frau und Kindern in einem ebenso schmuck restaurierten Bauernhaus. Als sein Gaudí-Haus fertig wurde, gefiel es ihm so gut, dass der kreative Bauunternehmer zeitweise mit dem Gedanken spielte, selbst einzuziehen. Letztlich hat er das Haus an Freunde verkauft und nutzt die unteren Räume heute noch selbst als Werkstatt. Hier erlebt der Marschwitzer immer wieder, wie Ausflügler anhalten, um sich die ungewöhnliche Fassade anzuschauen. Vom Hundertwasser-Haus sei dann meist die Rede. Nur wenigen ist bekannt, dass der sich vom Architekten Gaudí inspirieren ließ, erklärt Peter Rehe.

Rechts: Die dicken Grundmauern des Wohnhauses waren einst die eines Rittergutes und lassen dessen ursprüngliches Alter erahnen. Eigentlich sollte das landschaftlich schön gelegene aber marode Gemäuer abgerissen werden. Später wollte man einen Fahrradverleih errichten. Letztlich erwarb der Bauunternehmer Peter Rehe das Anwesen, um darauf sein Wohnhaus zu errichten. Mit dem heutigen Stil aus eigenen und mediterranen Ideen ist das Gebäude nicht nur saniert und wieder belebt, sondern zu einer architektonischen Besonderheit geworden.

Mitte: Eines der Fenster im Erdgeschoss des Hauses, welches der Bauunternehmer heute selbst als Werkstatt nutzt. Mit einem warmen Rot, welches Energie in die Räume bringt und auch im Interieur des übrigen Hauses wiederkehrt, sind die Wände getüncht worden.

Unten: Blick ins modern eingerichtete Bad, welches zusammen mit Büro und Kinderzimmern vom offenen Wohn- und Essbereich abgetrennt worden ist.

Rechte Seite oben und unten: Von einer imposanten Holzdecke in Korbform werden die offenen Wohnräume in den oberen Etagen überspannt. Giebelwände aus Naturstein verstärken den rustikalen Charakter. Der mediterrane Stil des Hauses kehrt in Lampen, Möbeln und den Holzverkleidungen der Galerie wieder.

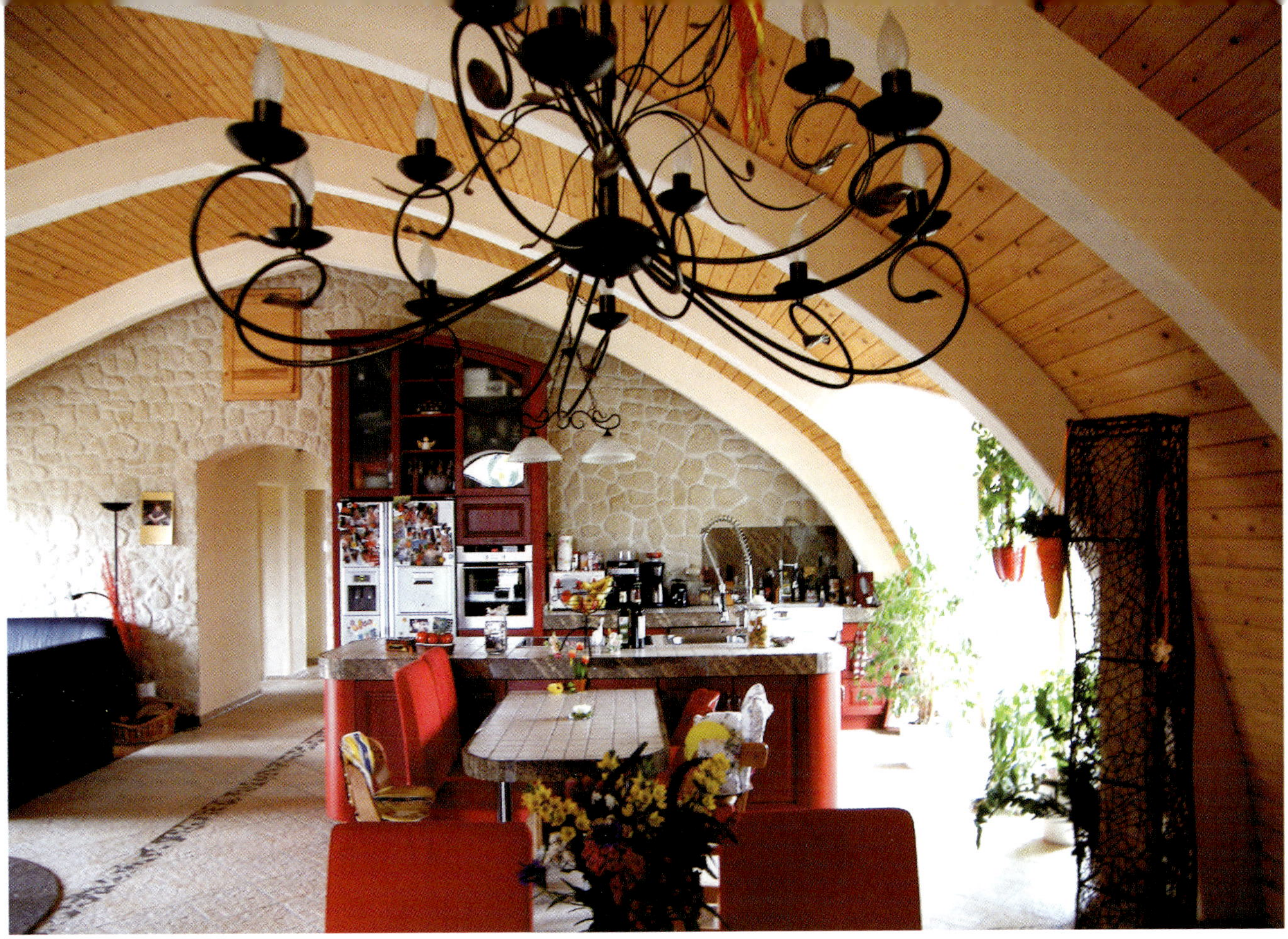

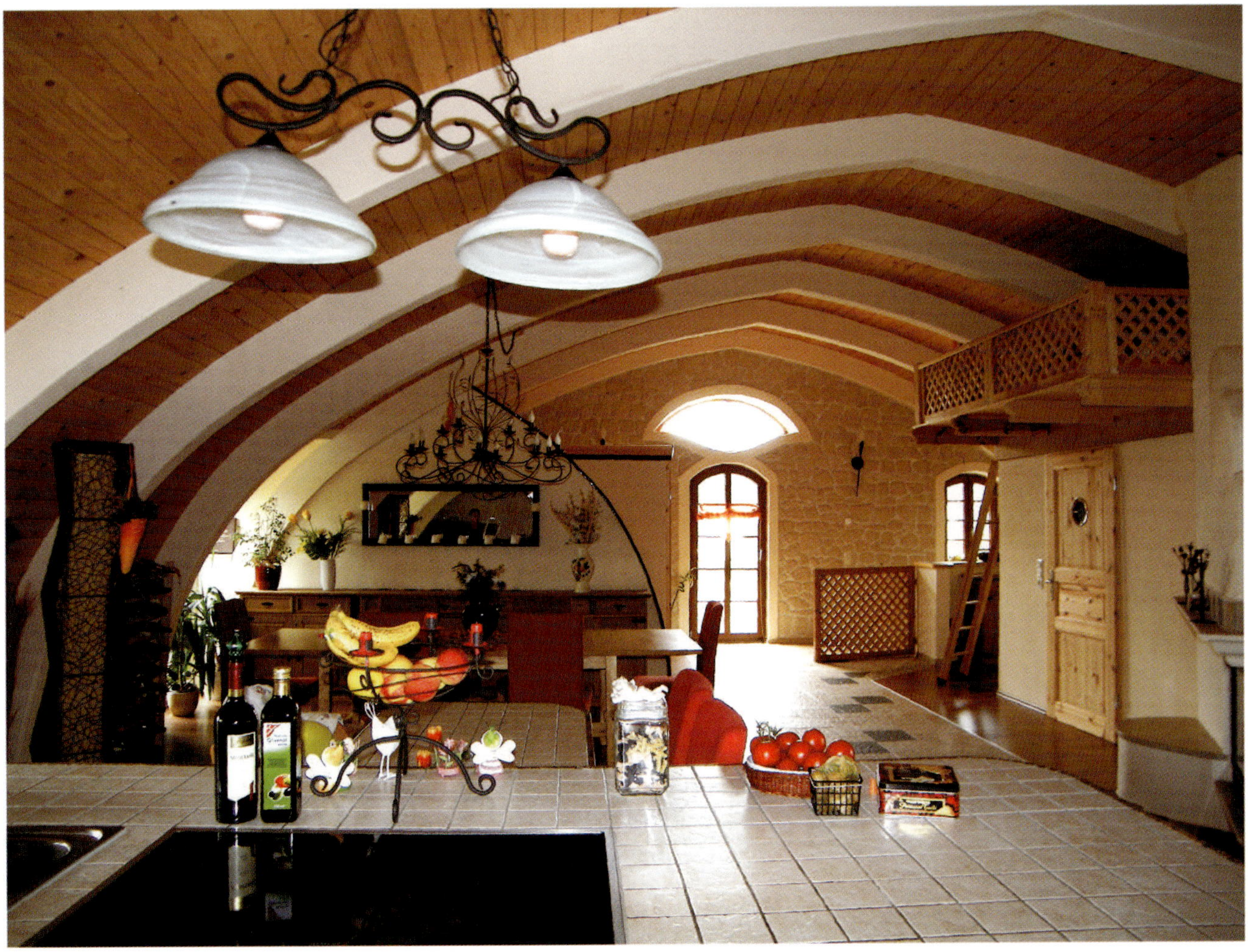

Ein guter Plan
für den Garten

Oben: Das Wilsdruffer Gartenreich von Michael Simonsen ist ein Biotop für unzählige Tierarten.

Rechts: Dekorative Sitzecke aus Stühlen und Gartentisch im Blumenbeet.

Unten: Eine Weinschorle mit Minzeblättern im Glaskrug, die im Sommer wunderbar erfrischt.

Rechte Seite ganz oben: Im Bereich für den modernen Garten in Wilsdruff sind Beete und Wege geometrisch angelegt. Lange Reihen von Zierlauch (darunter) unterstützen die klare Farben- und Formensprache der Natur.

Rechte Seite Mitte und unten: Einheimische Bäume und Sträucher wie Holunder oder Johannisbeere sind gut geeignet für einen Nutzgarten. Der bietet neben optischen auch leibliche Genüsse, weil Blüten und Früchte vor Ort frisch geerntet und verwertet werden können.

Häuser in den Jahreszeiten

Auf seinem Grundstück in Wilsdruff hat Michael Simonsen einen weitläufigen Ausstellungsgarten angelegt. Hier grünt und blüht es von den zeitigen Frühlingsmonaten an bis in den späten Herbst hinein. Traumgärten, so der Inhaber, sollten möglichst rund um das Jahr und nach den Lebensgewohnheiten der Eigentümer genutzt werden können. In Zeiten kleiner werdender Grundstücke und gestiegener Grundstückspreise gewinne auch die sorgfältige Planung für den Außenraum immer mehr an Bedeutung. Damit verbunden sind oftmals Konzepte, die den inneren Wohn- und den äußeren Gartenbereich eng miteinander verknüpfen.

Terrassen aus Holz lassen ein komfortables Wohngefühl im Freien entstehen und Gartenbesitzer trockenen und sauberen Fußes von Innen in den Außenbereich gelangen und den Platz im Freien kreativ gestalten. Garten- oder Schwimmteiche, in deren Wasser oder an deren Ufer sich ein natürliches Biotop entwickeln kann, sorgen für ein mediterranes Lebensgefühl im Freien. Blumen, Büsche, Bäume, Gräser und Kräuter gehen eine natürliche Verbindung ein, die je nach Zusammenstellung einem ganz besonderen Nutzen für die Eigentümer gerecht werden soll.

Simonsen gestaltet deshalb wahlweise mediterrane, landschaftliche, moderne oder Nutzgärten. Wer gern im Kreise von Freunden und Familie speist und die Zutaten gleichsam frisch aus dem eigenen Garten verwendet, der ist mit einem Nutzgarten am besten beraten. Damit verbunden sind eine Bepflanzung, bei der Früchte auch zum Verzehr geeignet sind, ein Hausbaum, welcher Süßkirschen oder Äpfel trägt, Gemüsebeete, Beerensträucher, ein Kräutergarten oder auch ein Frühbeetkasten und ein Kompostplatz.

Der mediterrane Garten dagegen wird von Stauden und Gehölzen bestimmt, die in südlichen Gefilden ansässig sind, aber auch vor Ort angepflanzt werden können. Zypresseartige Säulengehölze oder ein Olivenbaum können dazu gehören. Stauden mit silbern gefärbtem Laub greifen die für den Süden typischen Farben auf. Klinker oder Sandstein runden das Ensemble ab. Sonnenfangmauer und Wasserspiel setzen dazu schöne Akzente.

Ein landschaftlich gestalteter Garten wird dagegen vorwiegend mit einheimischen Stauden und Gehölzen bepflanzt. Der Hausbaum kann hier ein Linden- oder Kastanienbaum sein. Weitläufige Rasenflächen, geschwungene Gartenwege, pflegeleichte Stauden und Blütensträucher gehören dazu.

Für Puristen dagegen ist der moderne Garten geeignet, der mit einer reduzierten Farben- und Formenwahl besticht. Dazu können jeweils eine geradlinige Anordnung der Gehölze, Einfriedungen mit Buchenhecke, gerade Kies- oder Sandwege, Holz- oder Betonterrassen, Bodenstrahler oder eine künstlerische Skulptur gehören.

Antike Brunnen und Pflanztröge

Oben: Ein Engel bewacht auf einem Mittelaltermarkt einen der Sandsteintröge des Steinmetz' Ralf Hohenstein aus Nossen. Der Kunsthandwerker hat eine eigene Serie antiker Brunnen und Pflanztröge entwickelt.

Besonderer Vorteil: Das Kunstsandsteingemisch ist mindestens so haltbar wie reiner Sandstein, aber preisgünstiger in der Materialbeschaffung und Herstellung.

Rechts: Ein mit Wasser befüllter und in Betrieb genommener Brunnen aus der Hohensteinschen Fertigung. Aus einem dünnen Kupferrohr plätschert klares Wasser in den rustikalen Trog.

Eine schlichte und zweckgebundene Form mit Hieben, welche von der Bearbeitung zeugen, entspricht der traditionellen Art, welche auch bei größeren Pendants im Umland zu finden ist.

Auf dem Mittelaltermarkt des Mittelsächsischen Kultursommers am Eingang der Rochsburg meißelt der Steinmetz Ralf Hohenstein (rechts) das Rochlitzer Wappen aus einer Steinplatte. Märkte wie dieser sind wie geschaffen für die Präsentation seiner antiken Brunnen und Pflanztröge. Es sind die schlichten, rustikalen Formen, welche er bevorzugt. Auf seinem Grundstück in Nossen fertigt der Kunsthandwerker mit Hingabe Brunnen und Pflanztröge, die allesamt anmuten, als wären sie irgendwo im Umland durch einen Zufall entdeckt und ausgegraben worden oder hätten lange an einem verwunschenen Ort gestanden. Das Geheimnis des "verwitterten" Sandsteins liegt dabei in einem ganz bestimmten Gemisch aus Kunstsandsteinmehl, welches die Skulpturen und Gefäße antikisiert. Der ehemalige Fotograf, der 20 Jahre lang in einer Firma in Baden-Württemberg arbeitete und nun in seine Heimat zurückgekehrt ist, hat ein natürliches Gefühl für Design, Formen und Farben und einen Sinn fürs Praktische und Erschwingliche. Letzterer ließ ihn über die Art und Ausführung seiner Pflanztröge und Brunnen so lange grübeln, bis die heutige Art entstand. Ob die Gefäße frostsicher sind, testete der Steinmetz in mehreren Versuchen bei minus 18 Grad in der Tiefkühltruhe. Herausgekommen ist eine kleine Serie, die schlicht und charmant ist, sich mit ihrem für den Sandstein typischen Farbton und der rauen, nachgearbeiteten Struktur überall ganz selbstverständlich ins Ambiente einfügt, als ob sie schon immer da gestanden hätte.

Oben: Der Steinmetz bei der Arbeit an einem Wappen.

Unten: Ländliches Gerät, Pflanztröge und Fackeln auf seinem Grundstück in Nossen.

Badeparadies mit Schwimmteich und Wasserpflanzen

Oben: Um Teichlandschaften zum Anfassen und Erspüren zu schaffen, haben Birgit und Bernhard Eichler aus Waldenburg das Gelände neben einer ehemaligen Fabrik erworben. Direkt neben dem Eingang der Gartenbaufirma ist ein großer Schwimmteich mit Bepflanzung und Holzterrasse angelegt worden. Eine Sitzecke unter schattigen Bäumen, deren untere Äste frei geschnitten worden sind, lädt im Sommer zur entspannten Siesta ein.

Links: Ein Gartenhaus mit geschwungener Vorderfront, Dachziegeln aus der Provence, alten Fenstern vom Flohmarkt und einer antiken Eingangstür wird zum architektonischen Pendant für einen ebenso mediterranen Schwimmteich, der mit seiner breiten Einfassung wie ein kleines römisches Bad anmutet. Die Holzterrasse ist mit schmiedeeisernen Sitzmöbeln und bepflanzten Terrakotta-Blumenkübeln wohnlich eingerichtet. Zu Kugeln geschnittene Buchsbäume in verschiedenen Größen setzen originelle Akzente.

Oben: Die Vorderfront des Gartenhauses spiegelt sich im Naturpool, dessen Rand treppenförmig angelegt und mit "Cyperos longus" bepflanzt wurde.

Rechte Seite: Bogenförmig angelegte Steinmauern umfrieden das Gelände und runden das Gesamtbild harmonisch ab.

Rechts unten: Wasserpflanzen gehören zur Teichlandschaft unbedingt dazu. Allein 30 Arten an Seerosen sind bei Gartenideen Eichler vorrätig.

Im Sommer wird der Garten vor der Tür das natürliche Wohnzimmer im Freien. Der Himmel ist das weite Dach, Bäume und Büsche werden zu den natürlichen Wänden. Blumen und Steine setzen Akzente. Wasser als Leben spendendes Element gehört unbedingt dazu. Welche Faszination ein Gartenteich ausübt, der nicht nur bepflanzt und mit Fischen besetzt worden ist, sondern auch gleichzeitig zum Schwimmen genutzt werden kann, zeigt sich beim Blick in die dekorative Gartenanlage der Firma Eichler in Waldenburg. Hier gibt es nicht nur eine der größten Anlagen für Wasserpflanzen, sondern auch mehrere Schwimmteiche, die mit ihrer Bepflanzung zum Biotop werden und gleichzeitig wie eine mediterrane Landschaft anmuten. Gereinigt wird das Wasser mit einem biologischen Filtersystem und einem besonders durchlässigen Kiesbett, welches im Uferbereich aufgeschüttet wird. Die besondere Architektur von Teicheinfassung, Gartenhaus und Mauern lässt die Teichlandschaft zum heimischen Urlaubsparadies werden.

Herbst

Kränze winden, wenn sich der Jahreskreis schließt

Oben: Landfrauen in der Gemeinde Melaune treffen sich jedes Jahr, um Erntekränze zu winden. Unterstützt wird das schöne Brauchtum regelmäßig vom Sächsischen Landfrauenverband e. V., dessen einzelne Ortsgruppen ihre Traditionen auf ihre ganz eigene Art pflegen und weitergeben.

Rechts: Prämierte Erntekrone zum Wettbewerb "Schönste Erntekrone und schönster Erntekranz Sachsens".

Unten: Erntekronenstrang mit Hafer und leuchtenden Strohblumen. Parallel sind wie im Folgenden beschrieben nach altem Brauch weitere Getreidesorten des Erntejahres eingebunden worden.

Wohl kaum ein Gebinde vermag ein schönes, altes Bauernhaus so attraktiv zu schmücken, wie eine goldene Erntekrone mit leuchtend bunten Früchten und Blumen, zumal sich mit dem attraktiven Schmuck auf eine einmalige Art Tradition und Brauchtum verbinden.

Als Zeichen der Vollendung und des Sinnbildes des sich immer wieder schließenden Jahreskreises und auch als Krönung eines zünftigen Erntefestes wurden einzelne Halme schon seit Anbeginn des Ackerbaues zu kleineren Büscheln symbolisch zusammengebunden. Sie waren dann kleinere "Erntebüschele", "Glückshämpfele" oder "Feierabendbüschel" und sollten vor bösen Korndämonen schützen, die durch den Regen auf die Erde kommen könnten und die Ernte vernichten würden. Man bewahrte diesen guten Zauber, der immer auch sichtbar an einer besonderen Stelle des Hauses aufgehängt wurde, in der kalten Jahreszeit auf, um die Körner dann mit Beginn des Frühjahrs gleich auch für eine neue Aussaat zu nutzen. Gebräuchlich war es aber auch, aus Garben ein altes Weib zu formen und es zur Bewachung als "Kornmutter" auf das Feld zu stellen. Die Erntekrone oder der Kranz galten wiederum als symbolische Bekrönung des alljährlichen Erntefestes. Die trächtigen Ähren stellen dabei die Wachstumskraft des Feldes dar und sollen deshalb auch heute für eine traditionelle Erntekrone möglichst so natürlich gebunden werden, wie sie gewachsen sind und nach oben zeigen. Die zuerst geerntete Getreideart sollte dabei traditionell gegenüber der letzten angebracht werden. Außerdem wird ein "richtiger" Erntekranz von Westen nach Osten, in Richtung des Kirchganges, gebunden. Die Erntekrone als Nachfolgerin des einfacheren Kranzes entsprach dabei dem zunehmenden Wunsch nach Schmuck und Prunk, der mit der Blütezeit der großen, wohlhabenden Güter auch auf dem Lande Einzug hielt. Für mehr Abwechslung wurden in die Kronen zunehmend auch Blumen und Baumgrün, Beeren und Früchte sowie Papier oder Seidenbänder eingeflochten. Im Sachsenland wie auch in Thüringen oder Brandenburg werden Kranz oder Krone traditionell aus der allerletzten Garbe des Winterkornes bereitet, wobei man wahlweise Ähren weiterer Getreidesorten hinzufügt. Als Schmuck dürfen dabei je nach Vorliebe und Phantasie alle Arten von Naturmaterial verwendet werden.

Rechts: Ein silbrig schimmernder Strang eines dicht gewundenen Kranzes, der überwiegend aus Ähren der Gerste geflochten worden ist. Die leuchtend roten Beeren der Eberesche und eine pastellfarbene Schleife setzen dazu einen wunderschönen Akzent.

Mitte und unten: zwei weitere Beispiele für die Farbenpracht herbstlicher Erntekränze, die mit Beeren, Eichenlaub und Blumen jeweils ihren ganz eigenen Charakter bekommen.

Die Vorbereitung:

Das Binden eines Kranzes oder einer Erntekrone geht dabei wie folgt vonstatten. Die frisch gemähten Halme werden zunächst in Kartons aufgeschichtet, in denen sie an einem trockenen abgedunkelten Ort so lange gelagert werden können, bis ihre Verarbeitung beginnt. Geerntet wird das Getreide in einem vollreifen, trockenen Zustand. Wichtig ist dabei, für einen Kranz oder eine Krone reichlich Getreide einzulagern, da die Menge jeweils größer benötigt wird als gedacht und von Anfängern gern unterschätzt wird.

Das Gestell anfertigen

Das Gestell für einen größeren Kranz oder eine Krone sollte aus Stahlrohr mit einem Durchmesser von ca. 15 Millimetern und einer Wandstärke von 1,5 Millimetern zusammengeschweißt werden. Bei einer Krone besteht es aus vier Bögen, die auf ein kreisrundes Gestell geschweißt werden. Am Gestell sollte sich außerdem eine Aufhängung oder eine Vorrichtung für einen Stil befinden. Früher wurde eine Erntekrone meist auf eine Forke gesteckt. Alternativ fungieren heute Besenstil oder Aufhängung.

Das Binden

Beim Binden werden die Halme der Ähren auf eine Länge von 10 bis 14 Zentimeter zugeschnitten. Jeweils drei bis vier Ähren werden zu einem Sträußchen zusammengefasst und mit einem festen Wickeldraht auf dem Gestell befestigt. Erfahrene Binderinnen bestücken zuerst die vier Bögen einer Krone und arbeiten dabei von oben nach unten. Wichtig für das Aussehen: Die Halme sollten möglichst gerade gebunden sein. Damit die Rundungen erhalten bleiben, werden außen längere Halme befestigt als innen. Besonders dicht und voll werden die Bögen, wenn man die gebundenen Ähren jeweils abdichtet, sie immer wieder mit der Hand nach oben schiebt.

Unten am Kreis angekommen, lässt man den Wickeldraht hängen. Hinter einer Bogenstange werden dann die Ähren gegen den Uhrzeigersinn auf dem Kreis mit Hilfe des herabhängenden Drahtes festgebunden. Für den unteren Kreis eignet sich zum Binden am besten Hafer, da dessen Ähren besonders buschig sind. Um die Ansatzstellen vom Binden gut zu verdecken, können bunte Bänder an jeden unteren Abschluss eines Bogens gebunden werden.

Die Symbole

Die Bügel bzw. Bögen werden bei der Erntekrone gleichermaßen als Himmelsbögen empfunden, die fest mit dem Erntekranz verbunden sind. Die aufgebundenen Ähren streben deshalb immer dem Himmel zu. Die überreifen schweren Früchte neigen sich dem Boden entgegen als Zeichen des Dankes und der Ehrfurcht vor der Mutter Erde. Die Krone und der Kranz drücken den Dank für ein gutes Erntejahr an die himmlischen Mächte aus. Der Dank enthält zugleich auch den Wunsch und die Hoffnung auf eine reiche Ernte im kommenden Jahr. Krone und Kranz sollen wie beschrieben auch das Hab und Gut vor bösen Geistern schützen.

Das Erntedankfest

Egal, ob es sich nur um einen kleinen Garten oder ein großes Bauerngut mit Feldern und Wäldern handelt, ein Erntedankfest kann jeder feiern, der mag. Sich für die reichen Erträge der Natur symbolisch und mit einem Fest zu bedanken, bedeutet immer auch, mit den Jahreszeiten zu leben und ein Gefühl dafür zu entwickeln, mit welch reichen Schätzen wir jedes Jahr aufs Neue bedacht werden.

Zum Brauchtum

Der Brauch, sich bei Göttern und Dämonen für eine gute Ernte zu bedanken, reicht bis in die ersten Besiedlungen zurück. In unseren Breiten begann dabei um den 25. Juli mit Jakobi traditionell die Erntezeit. War der letzte Schnitt getan und der Kranz oder die Krone fertig gebunden, erfolgte der feierliche Einzug der Schnitter in den Gutshof. Nach alter Sitte wurde der Herrschaft die Erntekrone und dem Gutsverwalter der Erntekranz überreicht. Dazu sprach man traditionelle Verse, die immer auch von der Freude über eine glücklich vollendete Erntearbeit kündeten. Die Erntekrone wurde in die Tenne gehängt und bis zur nächsten Ernte aufbewahrt. Unter ihr wurde zum Erntedankfest getanzt. Es gab einen kräftigen Erntetrunk und -schmaus. Der Festzug durchs Dorf oder gegenseitige Besuche der Bauern gehörten ebenfalls dazu.

Geblieben ist beides, Tanz auf der Tenne und Fest im Wirtshaus gibt es noch heute. Wer selbst gern feiern mag, kann die schöne Tradition des Erntedankes auch auf seine ganz eigene Art weiterführen, Kränze flechten und Freunde einladen.

Als ob die Zeit nie vergangen wäre

Oben und rechts: Blick in den Saal und die Zimmer der Burg Kriebstein. Ob Teekanne, Weingläser oder Karaffe, jedes einzelne Stück inszeniert auf seine ganz eigene Art das Leben vergangener Generationen in den Burgmauern.

Unten: Mit Möbeln aus den 30iger Jahren sind direkt neben dem kleinen Saal das Herrenzimmer und der Arbeitsplatz des letzten Eigentümers authentisch nachempfunden worden. Die handgewebten und kunstvoll drapierten Vorhänge wurden von einer Chemnitzer Gobelinmanufaktur eigens für diesen Raum gefertigt.

Rechts oben: Von einer schweren Holzbalkendecke überspannt ist der kleine Saal, in den man von der gotischen Eingangshalle über eine kleine Treppe gelangt. Kunstvolle Wandvertäfelungen, antike Möbel und Gedecke sind teilweise noch aus der Zeit der letzten Eigentümer erhalten, deren Raumfoto als Vorlage für die heutige Einrichtung diente.

Rechts unten: Romantisches Blumenarrangement im Biedermeierzimmer. Mit der Gestaltung wird eine Floristin beauftragt.

Hölzerne Balkendecken überspannen den Saal. Durch schwere Vorhänge flutet das Tageslicht und bringt die Prismen der Kristallleuchter zum Glänzen. Eine alte Standuhr tickt. Nebenan ist ein Stuhl ein wenig vom Schreibtisch abgerückt. Die kleine Lampe leuchtet. Fast könnte man meinen, der Hausherr habe den Arbeitsplatz gerade verlassen.

So oder ähnlich mag sich noch bis ins erste Drittel des vergangenen Jahrhunderts das Leben auf Burg Kriebstein abgespielt haben. Dass man es so authentisch erspüren kann, ist den Fachleuten des Museums zu verdanken, die sich mit viel Liebe zum Detail um die Inszenierung einer möglichst lebendigen Burggeschichte bemüht haben. Was auf so anschauliche Art von den Vorbesitzern erzählt, ist bis ins Detail durchdacht und ausgeführt. Von antiken Leuchtern und Möbeln über passende Tapeten, authentische Vorhangstoffe bis hin zum für die Epoche typischen Accessoire ist in den vergangenen Jahren fast jedes ausgestellte Stück durch die prüfenden Hände der Schlossleiter Bernd und Gabriele Wippert oder der Innenarchitektin Eske Tynior gegangen. Nicht zuletzt deshalb scheint die "schönste Ritterburg Sachsens" auch heute noch bewohnt zu sein. Ein Gefühl der Zeitlosigkeit erfasst Jene, die durch die Eingangshalle in die möblierten Wohnräume gelangen. Tische sind gedeckt, das Bett bezogen und im Winter wärmt sogar der Ofen.

So gemütlich war es nicht immer auf der Burg. Im 14. Jahrhundert als eher funktionelle Wehranlage erbaut, wurde das Ensemble mit dem Wechsel der Generationen mehrfach umgebaut und erweitert und zuletzt zunehmend von bürgerlicher Lebensart und dem Wunsch nach Luxus durchdrungen. Das Leben vom Wohnturm wurde nach außen verlagert, Küchenhaus und Wirtschaftsflügel errichtet. Kleine Fensteröffnungen wurden vergrößert, Mauern für eine bessere Sicht abgetragen, Räume neu geschaffen und wohnlich eingerichtet. Noch bis 1945 waren Mitglieder der Familie von Arnim Eigentümer der Burganlage, die sie vor allem zu geselligen Zusammenkünften und zu Repräsentationszwecken nutzte. Danach dienten die Räume zeitweise als Wohnungen, wurden aber schon nach wenigen Jahren wieder als Museum eingerichtet und der Öffentlichkeit zugänglich gemacht. Ein Umstand, der neben einem Fundus an Interieur das Lebensgefühl von damals mit der Anordnung und Funktion der Räume ein Stück weit bewahrt hat und sogar internationale Filmteams in die kleine Gemeinde lockt, welche die schönen, viele Jahrhunderte alten Räume gern als authentische Kulisse für die Inszenierung alter Sagen und Märchen nutzen. Dann fahren Kutschen vor, schreiten Damen und Herren mit historischem Gewand und kunstvoller Hochfrisur durch die Stuben, tafeln Gesellschaften an den Tischen, gellen Schreie durch die Gewölbehallen und für Augenblicke scheint es fast so, als ob die alte Zeit nie vergangen wäre.

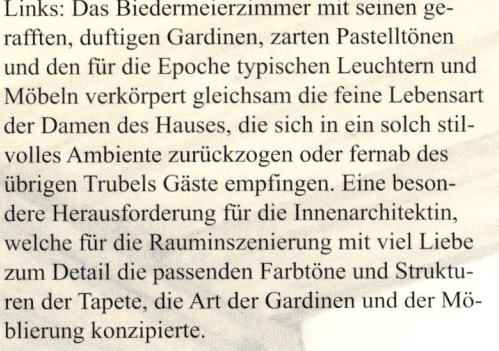

Links: Das Biedermeierzimmer mit seinen gerafften, duftigen Gardinen, zarten Pastelltönen und den für die Epoche typischen Leuchtern und Möbeln verkörpert gleichsam die feine Lebensart der Damen des Hauses, die sich in ein solch stilvolles Ambiente zurückzogen oder fernab des übrigen Trubels Gäste empfingen. Eine besondere Herausforderung für die Innenarchitektin, welche für die Rauminszenierung mit viel Liebe zum Detail die passenden Farbtöne und Strukturen der Tapete, die Art der Gardinen und der Möblierung konzipierte.

Oben: Die Gotische Stube mit Vorhangbogenfenstern, Bett mit Baldachin, Truhenbänken und Sitzecke zählt zu den ältesten, erhaltenen Räumen der Burg. Die wabenförmige Struktur des Holzfußbodens stammt aus der Zeit der letzten Eigentümer. Ein kunstvoll verzierter Eisenleuchter und ein passender Kachelofen mit Bank wurden eigens für den Raum angefertigt.

Links: Marmorner Kaminaufsatz mit silbern gerahmtem Spiegel im Rokokozimmer. Passend zum Interieur der Epoche wurde das opulente, lachsfarbene Dekor der Tapete ausgewählt.

Unten: Von hier aus gelangt man direkt in die Wohnräume. Die wunderschöne Eingangshalle mit Steinpflaster, gotischem Kreuzgewölbe und den für eine Burg typischen steinernen Sitznischen wurde von den Vorbesitzern noch zu Wohnzwecken genutzt.

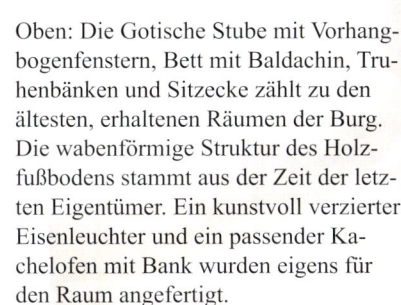

Ein Leben für Familie, Gäste und Wein

Oben: Der von blauen Hortensien gesäumte Eingang des Weingutes Mariaberg in Meißen. Die Familie hat ein offenes Haus, in dem regelmäßig viele Freunde und Gäste zu Besuch weilen.

Rechts: Blick hoch oben vom Weinberg auf das Winzerhaus, das nach alter Tradition mit Holz verschalt worden ist. Die sibirische Lärche ist unbehandelt geblieben und wird mit der Zeit die silbergraue, natürliche Färbung annehmen, welche perfekt mit dem modernen Anbau harmoniert.

Unten: Blick auf den Anbau, dessen glatte graue Haut aus Faserzementplatten von einem Lichtband im oberen Stockwerk und schmalen hohen Fenstern im Erdgeschoss durchbrochen wird und damit einen interessanten Kontrast zum übrigen rustikalen Ambiente bildet.

Rechts oben: Die Winzerin Anja Fritz in ihrem barocken Gewand zwischen prächtigen Weinreben. Die Wahlsächsin liebt ihren Wein und das Meißner Porzellan. Über beides referiert sie als Gästeführerin auf ihrem Weinberg, in Weinstuben oder in der Porzellanmanufaktur Meißen.

Rechts und rechts außen: Hier werden Gäste bewirtet. Blick auf die Terrasse auf dem Weinberg mit traumhaftem Ausblick auf das Elbland und einen liebevoll gedecktem Tisch mit leckeren Käsesorten aus dem Sachsenland und einem Meißner Wein, der aus Trauben des eigenen Weinbergs gekeltert worden ist.

Wer Anja und Florian Fritz im Weingut Mariaberg in Meißen besucht, findet einen mit dichtem Grün der Weinreben bewachsenen, romantischen Weinberg vor, der sich anmutig in die Meißner Landschaft schmiegt. Zu dessen Füßen steht ein Winzerhaus, das auf seine ganz besondere Art Tradition und Moderne vereint. Das Haupthaus ist rustikal und ländlich aus Meißner Granit erbaut und von den Eigentümern mit sibirischem Lärchenholz verschalt worden. Der moderne Anbau mit Faserzementplatten steht gleichsam für die vielfältigen Ambitionen und die Kreativität der jungen Besitzer. Im Inneren lebt die heute vierköpfige Familie und hat in den übrigen Räumen zudem gemütliche Ferienwohnungen eingerichtet. Der Weinberg wird wie in alter Zeit bewirtschaftet. Aus den Trauben wird ein feiner Meißner Wein gekeltert, der so guten Absatz findet, dass kaum eine Flasche ein zweites Jahr überlebt. Zur Weinlese reisen Freunde von nah und fern an die Elbe, um die Trauben in kurzer Zeit in die Tanks zu bringen. Ein Fest für die Winzerfamilie, das meist bis in die Nacht geht. Ihren Wein schenkt Anja Fritz nicht nur im eigenen Weingut in die Gläser von Gästen und Freunden, sondern auch bei besonderen Weinproben in den Meißner Weinstuben aus. Dann trägt die Winzerin und Gästeführerin (rechts) ein barockes Gewand und weiß viel Interessantes vom Weingut, der sächsischen Weinbaugeschichte und aktuellem Anbau zu erzählen. Ein Leben für die Familie, die Gäste und das Weingut, welches in jeder Minute ausgefüllt ist und viel Freude bereitet.

Als Anja und Florian Fritz von ihrer Weltreise zurückkehrten, wussten sie eigentlich nur, dass sie gern in die neuen Bundesländer gehen wollten. Das Paar war sich einig, dass es eine besondere, alte Immobilie erwerben wollte. Zwei Jahre suchten sie nach dem geeigneten Anwesen. Der ehemalige Winzerhof am Weingut Mariaberg mit seinen Reben stand zum Verkauf und hatte Potenzial und ein besonderes Flair. Das zweistöckige, mehrfach erweiterte Haus mit einem Erdgeschoss von 1880 aus Meißner Granit mit dicken Bruchsteinwänden war imposant, erinnert sich Anja Fritz. Den angrenzenden großen Weinberg mit Waldstück erwarben die Wahlsachsen erst, nachdem sie schon eingezogen waren. Stück für Stück wurde das alte Haus entkernt, Weinkeller, Pressraum und Gewölbe freigelegt und saniert. Die Idee, im Inneren Ferienwohnungen einzurichten, entstand durch die Größe des Hauses, die wunderschöne Lage direkt am Elberadweg und sächsischen Weinwanderweg und die Nähe zu touristischen Anziehungspunkten der Weinstadt Meißen.

Links: In längst vergangene Zeiten mag sich wohl jener versetzt fühlen, der auf diese Art mit der Frau des Hauses in die Gewölbe des Weinkellers absteigt. Zwischenzeitlich waren hier Stallungen untergebracht. Nach umfassender und behutsamer Sanierung durch die neuen Eigentümer ist der Gewölbekeller (Foto darunter) heute wieder als gemütlicher und moderner Weinkeller mit Atmosphäre eingerichtet.

Links unten: Blick in das Herz des Winzerhauses mit stählernen Weintanks unter dem steinernen Gewölbe. Künftig wollen die Meißner ihre Trauben auch in Holzfässern keltern. Die produzierte Weinmenge ist klein und fein. 1600 Flaschen Weißwein werden jährlich befüllt und 500 Liter Landwein im Ausschank vermarktet. Künftig soll es noch mehr Wein geben.

Rechts unten: Blick in die stilvolle Toilette mit Gewölbe und den darin verbauten, ursprünglichen Steinen des alten Winzerhauses. Stählerne, korrodierte Wände bilden einen reizvollen Kontrast zum übrigen Ambiente mit Bruchstein und Ziegeln.

Rechts Die Wohnstube der Eigentümer liegt im oberen Stockwerk des Winzerhauses. Anja Fritz mag antike Stücke. Kristallleuchter, Stühle und Schreibsekretär sind alte Erbstücke der Familie. Zum Einrichten will sich das Paar Zeit nehmen. Weniger ist mehr und stilvolles Wohnen braucht Geduld, sind sie sich sicher.

Mitte: Für die Kinder Emil und Stina ist das Zuhause im idyllisch gelegenen Weingut ein Naturparadies zum Herumtoben und Spielen.

Unten links: Ein Bett mit Baldachin von 1810 mit dem passenden Nachtgeschirr steht in einer der Ferienwohnungen.

Unten rechts: Im selben Stil ist ein Wohnzimmer eingerichtet. Bilder gibt es kaum, denn überflüssiges Interieur würde den Charme der Räume mit ihrem wundervollen Ausblick nur stören.

125

Auf der Leinwand verewigt: Farbenpracht, Düfte und Stimmungen

Oben: Große Glasfenster lassen viel Licht in das Atelier von Petra Anger-Seipel in der Kurklinik des Thermalbades Wiesenbad.

Unten: Die Malerin hat sich bei einem Frankreich-Urlaub in Mohn verliebt, dessen große Blüten immer wieder auf ihren Bildern auftauchen.

Ein Blütenmeer taucht das Atelier der Malerin Petra Anger-Seipel im Thermalbad Wiesenbad in einen bunten Farbenzauber. Grün, gelb und rot leuchten die Dolden, violett und rot schimmern Herbstfrüchte und Weinlaub auf Staffelei und Wänden. Während draußen der Regen an die Glasfenster trommelt, zieht "Painterpetra" mit Hingabe feine gelbe Pinselstriche auf die Leinwand. Die Autodidaktin liebt kräftige Farben und den Herbst, da dieser eine Zeit voller Düfte und Stimmungen und für sie selbst an sinnlicher Intensität kaum zu übertreffen ist. Auch weil dann die Abende länger, die Farben weicher, die Stimmungen nachhaltiger sind.

Die Malerei ist unmerklich zu ihr gekommen, ohne dass sie es wollte oder es sich beim künstlerischen Tun recht bewusst gemacht hätte. Eine Staffelei, vom Vater geschenkt, animierte die praktisch veranlagte Frau vor zehn Jahren, sich auszuprobieren. Damals lenkte die gelernte Erzieherin noch die Geschicke in der väterlichen Handwerksfirma. Als die altershalber geschlossen wurde, war plötzlich Zeit, Neues auszuprobieren. Eine Phase, die wichtig war, um einen neuen Weg zu beschreiten. Aus den ersten Farbenschwelgereien entstanden schon bald kunstvolle Blumen- und Landschaftsbilder. Seitdem hat sie Pinsel und Farben nicht mehr weggelegt und bringt den kleinen gläsernen Pavillon der Kurklinik mit ihren Bildern zum Leuchten. Die schöne Umgebung, der Wunsch nach Erholung und kräftige leuchtende Farben, das passt einfach gut zusammen. Petra Anger-Seipel lässt die Farben fließen, es gibt nach wie vor weniger fest anvisierte Ziele, das Tun an sich ist ihr wichtiger.

Eine Blumenmalerin sei es letztlich auch gewesen, die damals in New Orleans gesucht worden sei. Ein zufälliger Kontakt, der sich mit den Jahren zur festen Größe entwickelt hat. Heute stellt Petra Anger-Seipel ihre farbenfrohen und meist intuitiv gefertigten Bilder regelmäßig in Amerika aus. Eine geschäftliche Beziehung, welche sie pflegt und auf die sie stolz ist. Dranbleiben müsse man, wenn man etwas erreichen wolle, resümiert die rührige Künstlerin. Neben der Galerie Kurklinik im Thermalbad Wiesenbad hat sie deshalb eine weitere Galerie im Dresdener Stadtteil Hosterwitz unweit des reizvoll gelegenen Pillnitzer Schlossparkes eröffnet.

Oben: Die Malerin in der Kurklinikgalerie des Thermalbades Wiesenbad an ihrem Arbeitstisch am Fenster. Von hier aus hat man einen bezaubernden Ausblick auf die schöne Umgebung des Erzgebirges.

Unten: Die Bilder der Dresdnerin sind kraftvoll, farbenfroh und strahlen ihre ganz eigene Leichtigkeit des Seins aus, die wohl auch mit dem sonnigen Wesen der Künstlerin zu tun hat und sich unwillkürlich auf den Betrachter überträgt.

Oben: Mit dem idyllisch gelegenen Thermalbad Wiesenbad verbindet Petra Anger-Seipel
auch ein Stück Heimat. Die landschaftlich
schöne Umgebung und der Blick aus den
hohen Glasfenstern inspirieren die naturverbundene Frau immer wieder aufs Neue.

Links: Neben Blumen und landschaftlichen
Motiven hat sich die Malerin dem Akt und
modernen Formen verschrieben. Freie,
schwungvolle und eher flüchtige Striche lassen ihre großformatigen Bilder dann wie in-
tensive Augenblicke anmuten, in denen sie
Studien betrieben und das Ergebnis spontan
auf Leinwand gebannt hat.

Oben: Für feine Striche braucht es einen geeigneten Pinsel und eine ruhige Hand. Petra Anger-Seipel liebt es, Farben und Formen so zu arrangieren, dass leuchtend bunte Blumenbilder entstehen, welche die Farbenpracht der Natur und damit auch gute Laune ins Haus bringen.

Bei einer bunten Blumenwiese (Mitte) sorgen reliefartige Farbkleckse zusätzlich für Lebendigkeit.

Rechts: Mit feinen Farbnuancen hat die Künstlerin Ginkgoblätter großformatig in Szene gesetzt. Nicht ganz zufällig hat sie dieses Motiv gewählt. Kraft und Stärke, welche mit dem Ginkgo symbolisiert werden, sorgen letztlich auch für innere Harmonie, weiß sie.

Stücke, die es in der Art kein zweites Mal gibt

Oben: Blick in das bizarre Muster von Kettfäden auf einem Handwebstuhl im Freiberger Kunsthandwerkerhof. Für ein handgewebtes Tuch müssen weit über eintausend auf den hölzernen Webrahmen gespannt werden.

Rechts: Von Hand gewebte Stücke bestechen vor allem durch ihre individuellen Muster.

Darunter: Auf einem kleinen Handwebstuhl entsteht ein Gobelin für den Altar einer Kirche.

Oben: Aus handgewebten Stoffen können auch Kleidungsstücke maßgeschneidert werden wie diese Bluse und Weste in wunderschönen Naturfarben.

Ein Stück selbst herzustellen, welches es in der Art wohl kein zweites Mal gibt, das hat zweifellos seit seinen besonderen Reiz. Alte Techniken wie das Handweben feiern schon deshalb ein Comeback, auch wenn es nur noch wenige gibt, die sich mit ihnen so gut auskennen wie Dr. Kirstin Hoffmann. Die Konstrukteurin für Textilmaschinen hat sich im Kunsthandwerkerhof in Freiberg im ehemaligen Pferdestall des Hauses eine eigene Werkstatt mit Ladenraum eingerichtet. Alte hölzerne Webstühle stehen hier. Dicke Garnrollen türmen sich in hohen Holzregalen. Alle Blusen, Schals, Tücher und Kissen, die über den Ladentisch gehen, bestechen durch ihre wunderschönen Farben, sind ausschließlich von Hand gewebt und damit unverwechselbare Unikate. Die Webfäden lassen sich in den kleinen Serien so individuell einsetzen, dass die Handweberin ihre Stücke, so sie im Stadtbild auftauchen, mühelos wiedererkennen kann. Ihr umfangreiches Wissen über traditionelle und moderne Webtechnik gibt sie aber auch weiter in Kursen vor Ort und an Berufsschüler oder angehende Textilgestalter der Hochschule für angewandte Kunst. Es gelte für Nachwuchs zu sorgen in einer Branche, die nach wie vor typisch für die Region ist und unverwechselbare Nischen bedient. Die engagierte Fachfrau möchte in Zeiten der billigen Massenproduktion nicht nur den aufwändigen Weg zum fertigen Produkt zeigen, sondern ihn auch erspüren lassen. Damit verbunden sei allemal eine höhere Achtung vor traditioneller Handarbeit, ist sie sicher.

Rechts oben: Dr. Kirstin Hoffmann führt an einem ihrer alten hölzernen Webstühle vor, wie sich Kett- und Schussfäden zu einem Gewebe verbinden.

Rechts: Aus einer solch dicken Rolle entsteht später handgewebtes Tuch in leuchtenden Farben, das auf Wunsch zu Kleidung oder Haushaltwäsche vernäht werden kann.

Sachliche Eleganz und farbiger Stilmix

Oben: Mit seinem Musterhaus in Brandis hat der Bauingenieur Maik Schneeweiss eigene Visionen vom stilvollen und gemütlichen Wohnen umgesetzt. Warme Farben und Einrichtungsideen aus fernen Ländern gehen eine Verbindung ein. Hinter dem Haus gibt es einen großen Garten mit Teich und Pavillon.

Rechts: Der mit Licht durchflutete, achteckige Hausflur mit Oberlicht und Ornament im Marmorboden erinnert an einen Dom. Die Räume im Obergeschoss nutzt der Eigentümer derzeit als Büro.

Unten: Im ganzen Haus stehen Sammlerstücke, die der kunst- und kulturinteressierte Bauexperte von seinen vielen Reisen aus aller Welt mitgebracht hat.

Oben: Das ungewöhnliche Achteck des Hausflures wird mit der hellen hölzernen Treppe fortgesetzt, die an der Wand entlang in das obere Stockwerk führt. Von hier aus ist das gefliese blau-weiße Ornament im Eingangsbereich gut sichtbar.

Unten: Eine bezaubernde Elfe aus Barcelona in leuchtenden Farben lenkt den Blick auf die Wandnische und die Feuerstelle im englischen Kaminzimmer. Der Kamin mit Schiebevorrichtung an der Tür kann wahlweise offen und geschlossen befeuert werden.

Es ist der Traum vom optimalen Wohngefühl, der den ambitionierten Bauingenieur Maik Schneeweiß umtreibt. Mit seinem Musterhaus in Brandis bei Leipzig hat der 43-Jährige vor Jahren seine diesbezüglichen Visionen umgesetzt. Sein Haus steht jetzt zum Verkauf und wartet auf Eigentümer, die sich in das von Licht durchflutete, sachlich elegante Gesamtkunstwerk verlieben. Die Sehnsucht nach Weite beim Wohnen wird schon im Eingangsbereich deutlich. Ein großes Oberlichtfenster sorgt den ganzen Tag über für Helligkeit. Eine sich nach oben verjüngende "Lichttreppe" und ein Kranz von Deckenstrahlern setzen den domartigen Flur in Szene. Die Fußböden sind beheizt. Große Wandöffnungen gewähren einen freien Blick in die angrenzenden Räume und auch in das obere Stockwerk. Trotz ausgefallener Ideen denkt der Brandiser bodenständig. Protzige Fassaden und überladene Innenräume sind nicht seine Sache. Sachliche Eleganz und Funktionalität sind ihm wichtig. Der studierte Bauingenieur ist ein Ästhet, der gern verschiedene Stilrichtungen ausprobiert. Während seiner Ausbildung und in den Jahren danach bereiste er das europäische Ausland, immer mit einem wachen Blick auf die dortige Lebensart. Mit seinen teils exotischen Wohnideen möchte der ambitionierte Bauexperte ein Stück ferne Kultur nach Hause bringen, zum Vorteil der Bauherren, die von einer solchen Fülle natürlich profitieren, wenn es um das komplexe und geschmackvolle Gestalten der eigenen vier Wände geht. Man braucht einen geübten Blick, um sich Details abzuschauen, die später ins eigene Projekt hineinpassen, schildert er. So wechseln sich im Hausinneren mutig gemixte aber dezent gestaltete orientalische, englische oder toskanische Stilrichtungen ab. In Verbindung mit dem Goldton der Wände und des Holzes ist ein warmes, harmonisches und gleichermaßen vielfältiges Ambiente entstanden.

Links und unten: Auf einem steinernen Podest im Wohnzimmer lädt eine Couch mit Nackenrollen zum gemütlichen Plausch ein. Die Idee der leicht erhöhten Sitzgelegenheit, von der man die übrigen Wohnbereiche im Blick hat, stammt aus dem arabischen Raum. Das einfallende Tageslicht wird von den Marmorfliesen gespiegelt. Eine große Glastür, die direkt in den Garten führt, bringt zusätzlich Helligkeit und die Natur ins Haus.

Rechte Seite: Direkt neben dem Wohnzimmer liegt das Esszimmer, das mit seinem Wandgemälde an der Stirnseite, Stuckelementen und den Mustern der Tapete ein toskanisches Flair bekommen hat. Von hier aus führen die Türen direkt in den angrenzenden Garten, so dass man bei schönem Wetter bis in die Nachmittags- und Abendstunden den freien Ausblick genießen kann.

Wie auch in den anderen Räumen ist die Deckenbeleuchtung variabel einsetzbar. Für direkte Tischbeleuchtung beim Essen gibt es schlichte Hängelampen. Deckenstrahler sorgen bei Bedarf für zusätzliches Licht, welches die Stuckleisten in Szene setzt und den ganzen Raum gleichmäßig erhellt.

Das Wandgemälde an der Stirnseite des Raumes vermittelt ein Gefühl von Weite. Es wurde von einem Künstler aus der Region direkt auf den Putz gemalt.

Oben: Dekorative Wandni-
schen, die seit alters her zur
individuellen Gestaltung von
Innenräumen dienen und ein
Kamin, der wahlweise auch
offen befeuert werden kann,
lassen fast vergessen, dass es
sich hier um ein neu gebau-
tes Haus handelt.

Rechts: Passend zur Strei-
fentapete ist der Bezugsstoff
der Polstermöbel für das
englische Kaminzimmer
ausgesucht worden.

Unten: Ein Fresko, das der
Bauunternehmer aus dem
Ausland mitgebracht hat,
setzt die gegenüberliegende
Wand in Szene. Eine Wand-
lampe beleuchtet das Kunstwerk.

Oben: Hier kommt die Herbstzeit mit ihren bunten Farben besonders gut zur Geltung. Zum Haus gehört ein großer Garten. Ein Pavillon, der von blühenden Topfpflanzen gesäumt wird, lädt zum Verweilen ein. Neben Stauden und Büschen ist ein Teich mit Holzbrücke angelegt worden. Eine Hecke aus Nadelgehölzen bietet Sicht- und Lärmschutz.

Links: Ein schlichter Schlafraum in blauen Farbtönen ist im oberen Stockwerk eingerichtet worden. Gleich nebenan befindet sich eine Nasszelle. Außer einer Schneiderpuppe mit Strohhut und einer Vase in der Fensternische gibt es nichts Überflüssiges, was hier die Ruhe stören kann.

Für seine nächsten Pläne hat der Bauingenieur unter anderem ein Gelände erworben, auf dem er ein Mehrgenerationenprojekt umsetzen möchte: Ein Gebäudekomplex, der an ein Dorf am Anger erinnern soll und in dem alle Generationen zusammen leben und verschiedene Aufgaben übernehmen werden. Erste Interessenten für das groß angelegte Projekt gibt es bereits.

Kunst, Kultur und Tanz der Masken

Oben: Einst zählten Schloss und Rittergut Ehrenberg zu einem Kleinod sächsischer Baukunst. Schloss und Kapelle wurden mit der Zeit baufällig und abgerissen. Nur die Wirtschaftsgebäude blieben stehen.

Heute ist ein Teil des Ensembles wieder saniert, lebt und arbeitet hier der italienische Architekt und Multimediakünstler Pier Giorgio Furlan, der für die Umsetzung seiner Ideen den Förderkreis „Centro Arte Monte Onore" gegründet hat.

Rechts: Blick in den Park. Im Hintergrund ist die Ruine des einstigen Schlosses erkennbar.

Ganz links: Eine der selbst gefertigten Masken aus der Werkstatt des Schlosses Ehrenberg.

Links: An die frühere Kutscherstube grenzt eine weitläufige Terrasse mit steinerner Balustrade, von der man einen bezaubernden Blick auf die hohen Bäume des angrenzenden Parks hat. Bei schönem Wetter lädt der Förderkreis hier zu geselliger Runde ein. Auch die Wohnräume im oberen Geschoss sind für kulturelle oder kulinarische Veranstaltungen geöffnet. Neben literarischen Abenden gibt es Vernissagen, künstlerische Aufführungen oder Kochkurse, in welchen den Teilnehmern italienische Lebensart vermittelt wird (folgende Seiten).

Ein dichter Wald, der sich im Herbst in eine verschwenderische Farbenpracht hüllt, grenzt an das Schloss Ehrenberg im Landkreis Mittelsachsen. Wer durchs Tor in den Schlosspark eintritt, wird von einem hölzernen Wegweiser empfangen, der auf Werkstatt, Atelier und Galerie hinweist. Aber auch Literarischer Salon, Heimatstübchen und Museum sind benannt. Im Inneren der Häuser herrscht reges Treiben. Hier laufen Vorbereitungen für künstlerische Auftritte, werden Kostüme genäht und Masken hergestellt. Traumreise, Pinoccio oder Decamerone sind Stücke, welche später auf den Schloss- oder Burghöfen der Region inszeniert werden. Farbenprächtige Dias, auf alte Mauern projiziert, bilden den Hintergrund für zauberhafte Szenarien mit maskierten Tänzern und Figuren, die allesamt aus Sagen und Märchen entsprungen zu sein scheinen. Das Besondere: Die hier arbeiten oder auftreten sind fast ausschließlich Laien, kommen aus ganz unterschiedlichen Bevölkerungsschichten. Schüler, Erwachsene, Erwerbslose, Behinderte und straffällig gewordene Teilnehmer bilden für die Dauer eines Projektes eine kreative Gemeinschaft. Federführend ist der Förderkreis "Centro Arte Monte Onore" mit seinem künstlerischen Leiter Pier Giorgio Furlan, der sich für die Erhaltung und Umnutzung der jahrhundertealten Architektur einsetzt, indem er diese mit seinen kreativen Ideen belebt. Seit acht Jahren wohnt der gebürtige Italiener nun schon im Herzen Sachsens. Der Entschluss, das Schloss Ehrenberg zum Ausgangspunkt seiner künstlerischen Ambitionen zu machen, kam dabei eher zufällig. Zusammen mit seinem Partner hatte der damals noch in Berlin lebende Architekt nach einem neuen Lebensmittelpunkt Ausschau gehalten. Es sollte ein Ort sein, in welchem er seine Ideen umsetzen konnte, mit Platz für Treffen mit Freunden, Atelier und Werkstatt. Als er das weitläufige Areal mit dem teilweise eingefallenen Gebäudeensemble zum ersten Mal besichtigte, war er entsetzt über den maroden Zustand der Häuser, aber auch angerührt von der schönen landschaftlichen Lage. Provisorisch machte Furlan nach seinem Umzug aufs Land erst einmal einen einzelnen Raum bewohnbar. In den Folgejahren gründete er den Verein „Centro Arte Monte Onore" und sanierte zwei der ehemaligen Schlossgebäude. In der früheren Kutscherstube, einem zweigeschossigen Bau, lebt der Eigentümer heute selbst, lädt Freunde und Gleichgesinnte ein, veranstaltet Kochkurse, Vernissagen und literarische Abende. Im Erdgeschoss hat er ein Museum eingerichtet, in welchem über die Schlossgeschichte berichtet wird, Puppen und Masken aus der jahrelangen künstlerischen Arbeit des Vereins ausgestellt sind. Das früheren Wirtschaftsgebäude auf der gegenüberliegenden Seite des Parks beherbergt Werkstätten und Ateliers.

Rechts: Ein von Hand gefertigtes Kostüm mit Maske im Erdgeschoss des früheren Wirtschaftsgebäudes.

Mitte: Blick in die Werkstatt mit einer lebensgroßen Puppe mit einem prachtvollen weißen Gewand, welches von einer der Teilnehmerinnen genäht worden ist.

Unten: Fertigung einer neuen Maske für eine Aufführung aus Papierschichten und Leim.

Links und unten: Kunstvolle Kostüme unter dem Kreuzgewölbe des einstigen Wirtschaftsgebäudes bringen das Flair Venedigs ins Schloss. Getragen werden sie von Laiendarstellern, die für ihre Aufführungen eine besondere Form des Ausdruckstanzes erlernen.

Neben den künstlerischen Aufführungen möchte der Verein „Centro Arte Monte Onore" aber auch italienische Lebensart vermitteln. So gibt es das ganze Jahr über kleine und größere Feste, bei denen nach Landestradition Rezepte zubereitet und gekostet werden.

Rechts: Mit schimmernden Kerzen und duftenden Früchten der Saison geschmückt sind Kommode und Holztische im Wohnzimmer des Künstlers. Wer hier kocht, taucht gleichzeitig in die mediterranen Traditionen des Südens ein. Eines seiner Rezepte für einen stimmungsvollen Herbstabend gibt Pier Giorgio Furlan auf der folgenden Seite preis.

Pier Giorgio Furlans Rezept für einen Herbstabend mit guten Freunden: Tortellini mit Parmesan, zum Dessert kandierte Birnen mit Eis
(Mengenangabe für ca. 4 Personen)

Teig für die Tortellini zubereiten:
300 g Mehl, 3 Eier, knapp 1 Teelöffel Salz, 2-
3 Esslöffel Olivenöl. Das Mehl auf eine glatte
Arbeitsfläche sieben, in die Mitte eine Vertie-
fung andrücken, die Eier aufschlagen und dazugeben, das Ganze salzen und Öl darüber
träufeln. Mit Hilfe einer Gabel die Eier mit
Salz und Öl vermengen, dabei etwas Mehl un-
termischen. Von Hand immer mehr Mehl einarbeiten und weiterkneten, bis eine Teigkugel
entsteht. Dabei mit dem Handballen die
Masse mehrfach fest zusammendrücken. Ist
der Teig zu trocken, weiterhin etwas Öl oder
Wasser einarbeiten. Der so entstehende Pastateig sollte trocken und fest sein. Ist der Teig zu
feucht, lässt er sich später nur schlecht verarbeiten.

Die Füllung zubereiten:
Einen mittelgroßen Kürbis schälen, diesen in
Stücke zerteilen, klein raspeln, Créme fraîche,
Salbei, Basilikum und nach Geschmack etwas
Salz dazugeben. Die breiige Masse dann in
kleinen Portionen in die Tortellini füllen.
Dafür den Pastateig dünn ausrollen und rund
ausstechen (mit Backförmchen oder kleinen
Gläsern).

Die Tortellini füllen:
Jeweils einen Klecks der Füllung auf das Innere einer Teigscheibe geben, diese dann mit
einer weiteren bedecken und am Rand (ca. 5
Millimeter) mit den Fingerspitzen sorgfältig
zusammendrücken, so dass eine geschlossene
Teigtasche entsteht. Vorher den Teigrand der
unteren Scheibe vorsichtig mit Wasser an-
feuchten, damit die Tortellini beim Kochen
(ca. 4 Minuten sprudelnd in einem großen
Topf) gut zusammenhalten. Die Tortellini mit
Parmesan und zerlassener Butter servieren.
Die Butter kann mit zerkleinerten Salbei-
stücken verfeinert werden.

Das Dessert zubereiten:
Für das Dessert drei bis vier Birnen schälen
und vierteln. Weißen Zucker mit etwas Zitronensaft in eine Pfanne geben und bei mittlerer
Hitze auflösen, bis der Zucker in einer brau-
nen breiigen Konsistenz karamellisiert. Dann
Birnenstücken dazugeben und einige Minuten
ziehen lassen. Die fertigen Stücke mit Vanille-
eis servieren.

Tortellini und kandierte Birnen möglichst parallel herstellen, damit die Gäste nach der Zubereitung gemütlich zusammen essen können.
In die Zubereitung des Hauptgerichtes mit
Dessert alle Teilnehmer einbeziehen und dazu
ein Glas trockenen Rotwein zum Appetitma-
chen servieren.

Jeden Tag ein klein wenig wie in Norwegen leben

Oben: Auf dem eigenen Grundstück unweit des Wohnhauses haben Steffi und Mathias Voigtländer aus Leisnig ein Holzhaus gebaut. Dieses steht für ein Gefühl von Urlaub und ein freies, ungezwungenes Leben mitten im Grünen. Künftig will die Familie hier viel Zeit verbringen, weil es ruhiger und beschaulicher ist, als in der Wohnung direkt an der Straße.

Rechts: Blick in den offenen Wohnraum mit Galerie im Erdgeschoss des Holzhauses. Die großen Fensteröffnungen waren ein Extrawunsch der Familie. Es duftet nach Holz, alles ist naturbelassen. Fußboden und Wände haben die Eigentümer mit einer Bienenwachslasur gestrichen. Einen Fernseher gibt es nicht. Dafür wird die freie Zeit mit Lesen, Spielen oder draußen vor der Tür verbracht wie im Urlaub.

Links: Mit der konzeptionellen Umsetzung der eigenen Pläne beauftragte Mathias Voigtländer einen Garten- und Landschaftsbaubetrieb. Stück für Stück soll neben und hinter dem neuen Holzhaus ein grünes Refugium mit Terrassen, Mauern, Bepflanzungen, Quellstein und Schwimmteich entstehen. Später könnte man auch einen Bauerngarten anlegen, der besonders gut mit der ländlichen Umgebung harmoniert, so seine Ideen.

142

Es war eigentlich der Traum von Norwegen, Natur, Holz und beschaulicher Ruhe, den sich Steffi und Mathias Voigtländer mit dem Bau eines Holzhauses erfüllt haben. "Vor einiger Zeit hatten wir tatsächlich Lust auf ein Leben in Norwegen, aber die Kinder wollten zu Hause bleiben, ihre Freunde nicht verlieren", erzählt der Unternehmer, der in Leisnig eine Tankstelle und einen Werbeservice betreibt. Auf dem eigenen Grundstück unweit des Wohnhauses gab es genügend Platz und die Familie, welche bisher nur wenige hundert Meter weiter zusammen mit den Großeltern direkt an der Straße lebte, setzte den Wunsch nach einem ruhigen Refugium mitten im Grünen letztlich auf ihre ganz eigene Art um. Mit der Chemnitzer Gartenwelt hatte das Paar den Partner gefunden, der unkompliziert und flexibel auf alle Sonderwünsche eingegangen ist, den Dachüberstand um einen Meter verbreiterte, die gewünschten größeren Fensteröffnungen da einplante, wo kleinere vorgesehen waren und das ganze Haus überhaupt an Stellen öffnete, die eigentlich anders konzipiert waren, um möglichst viel Licht und Luft einzulassen. Durch die Eigenschaften der dicken Holzbohlen, so Voigtländer, ist keine zusätzliche Dämmung nötig. Ein Kamin im Erdgeschoss übernimmt an kalten Tagen einen Großteil der Wärmeversorgung. Entstanden ist ein wunderschönes modernes und naturnahes Domizil, welches von großen alten Bäumen beschattet wird, die im Wind leise rauschen und in deren Wipfeln sich unzählige Singvögel Nester bauen. Für die Familie steht das Holzhaus für ein neues Lebensgefühl und ein kleines Stück Urlaub, welches sich die Eltern mit ihren drei Kindern hier jeden Tag gönnen.

Oben und unten links: Ein großzügig bemessener Balkon zieht sich über den gesamten Giebel des Holzhauses. Er dient zusammen mit dem Dachüberstand gleichzeitig als Wetterschutz für die darunterliegende Holzterrasse, die hier gerade errichtet wird.

Unten: Die umliegende Natur wurde beim Bau zu großen Teilen so belassen wie sie war, das Haus direkt neben die großen alten Bäume gebaut. So konnten die Eigentümer bei ihrem Einzug sofort von der üppigen grünen Oase profitieren.

Links: Die vanillefarbene Küche mit hölzernen Arbeitsplatten hat ein Küchenstudio der Region eigens für die Maße der Nische angefertigt, welche hinter der Treppe entstanden ist. Beim Kochen hat man einen bezaubernden Blick in das Blätterwerk der großen Bäume oder den Garten hinter dem Haus. Hier ist alles ein wenig kleiner, als in der Wohnung, dafür aber praktischer konzipiert. Ein Gefühl von Urlaub stellt sich ein, sobald man die Schwelle überschreitet, schwärmt Mathias Voigtländer. Eine einfache Holztreppe, die gleichzeitig als Raumteiler fungiert, führt in die oberen Etagen mit der Galerie und den Schlafräumen.

Unten: Das Eichhörnchen auf dem Holztisch steht für die natürlichen Materialien, von denen die Bewohner hier allseits umgeben sind. Möbliert haben sie das Holzhaus auch mit Holzmöbeln, die perfekt mit dem Ambiente harmonieren. Der Kamin im Bildhintergrund ist ebenfalls für das Holzhaus gefertigt worden. Er wurde von einem Fachmann perfekt in die Ecke zwischen den großen Fensterfronten eingepasst und wie auch das übrige Interieur mit natürlichen Materialien und weichen, organischen Formen erbaut. Ein loderndes Holzfeuer erwärmt hier im Winter den gesamten Wohnraum.

Oben und unten: Hier wird das Schlafen unter dem Dach zum Naturerlebnis. Ein wunderschöner Blickfang ist das große Giebelfenster, welches die Schlafstube im oberen Stock in ein grün schimmerndes Licht taucht und den gesamten Raum auf diese Art gleichermaßen zum Schaufenster in die Baumwipfel werden lässt. Eigentlich sollten die großen Bäume hinter dem Haus für die Baustelle gefällt werden. "Man riet uns, Baufreiheit zu schaffen und befürchtete, dass der Neubau durch die Bäume Schaden nehmen könnte", erzählt Mathias Voigtländer. Das naturverbundene Paar hatte sich jedoch schon im Vorfeld ganz bewusst ein Wohnen mit und neben den großen alten Bäumen gewünscht und ließ das Holzhaus direkt neben und teils unter den kleinen Hain so erbauen, dass es heute fast so scheint, als ob sich der Neubau an das Blätterwerk anschmiegt.

An glanzvolle Zeiten anknüpfen

Oben: Selbst in seinem teilweise sanierten Zustand ist der mit Wandmalereien und Stuck prächtig verzierte und von einer bogenförmigen Decke überspannte Tanzsaal von "Müllers Tanzpalast" in Großbothen eine Augenweide. Der neue Eigentümer Michel Janssen aus Belgien will hier mittelfristig wieder eine neue Tanzszene etablieren.

Rechts: Einen Eindruck vom künftigen Flair des Hauses bekommt man beim Betreten des Foyers mit hohen Fenstern und Stuckdecke.

Unten und kleine Fotos reche Seite: Das zum Tanzsaal gehörende Gasthaus ist bereits eröffnet worden. Der Eigentümer kocht selbst und musiziert sogar ab und an für seine Gäste.

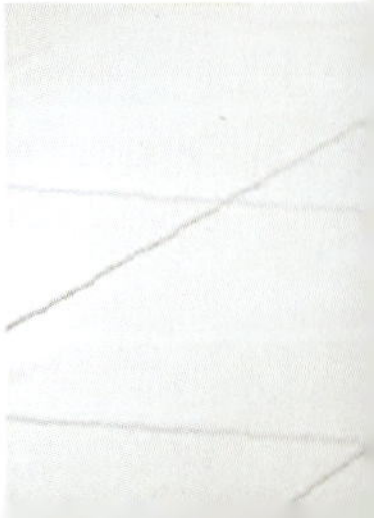

Als Michel Janssen „Müllers Tanzpalast" in Großbothen zum ersten Mal sah, verliebte er sich vor
allem in den Turm des großen Gebäudes, welches
direkt an der Hauptstraße der Kleinstadt steht und in
früheren Zeiten Domizil für glanzvolle Feste und
Bälle gewesen war. Der gebürtige Belgier
schwärmte schon immer für schöne alte Architektur
und wollte in Sachsen eigentlich ein Schloss erwerben. Alternativ erfüllte er sich den Traum mit einem
großen Tanzpalast und dazugehörigen Gastraum und
baulichen Möglichkeiten für ein Hotel. Wer ihn
heute besucht, trifft den gelernten Koch und Stucka-
teur wechselweise im Bagger auf der Baustelle oder
im neu eröffneten Gasthaus am Herd. Und wenn er
Zeit hat, musiziert der Allrounder sogar für seine
Gäste. Mit seiner unkonventionellen Art, sich all das
auch zuzutrauen, ist der vielseitige Eigentümer tatsächlich auf dem besten Weg, das ehemals marode
Objekt in altem Glanze auferstehen zu lassen. Hei-
matverein und Einwohner des eher beschaulichen
Ortes hatten das gewagte Vorhaben anfangs belä-
chelt und unterstützen es heute. Zu verführerisch ist
die Hoffnung auf ein Haus, welches bis weit über
die Stadtgrenzen von sich reden machen und dem
Ort eine ganz neue Popularität schenken könnte. Immerhin fand im Jahr 1960, nach 50 Jahren Tanz-
hausgeschichte in Großbothen, hier noch der letzte
große Maskenball statt, 1910 eröffnet, war der zum
Gasthaus gehörende Tanzsaal mit Kegelbahn und
Nebengebäuden schnell zum Magneten geworden.
Sonderzüge brachten noch bis Anfang der 30er
Jahre unzählige Gäste aus Leipzig und Umgebung
nach Großbothen. In einer Zeit, wo dies nicht als
selbstverständlich galt, wurde das festliche Geschehen von elektrischem Licht erhellt und zudem von
einer "Tausend- Flammen-Kugel" bekrönt, welche
vom Erfinder Wilhelm Ostwald kreiert worden war
und als erste "Disko-Kugel" verschiedenfarbiges
Licht reflektierte.
An solch glanzvolle Zeiten möchte Michel Janssen
anknüpfen. Teile der einst so prachtvollen Räume
mit Stuckdecken und Wandmalereien sind bereits
saniert, "Kulturcafé" und "Rauchersalon" hergerichtet. Größtes bauliches Unterfangen bleibt der riesige, von Säulen getragene Tanzsaal mit Bühne,
Galerie und Logen. In zehn Jahren will der neue Eigentümer das gesamte Ensemble erschlossen haben.
In Haupt- und Nebengebäude sollen 24 Zimmer entstehen, Hotel und Saal über einen Verbindungsgang
erreichbar werden. Ein Treppenhaus wird gebaut
und mit einem Aufzug ausgestattet.

Oben: Der Tanzsaal von „Müllers Tanzpalast" wartet auf seine Auferstehung. Anfang des vergangenen Jahrhunderts wurden hier rauschende Feste gefeiert. Die Geburtsstunde für das gesamte Anwesen mit Gasthaus und Saal wird um das Jahr 1837 beziffert. Ein ambitionierter und weitsichtiger Schankwirt erbaute damals den „Gasthof zu Großbothen", als zeitgleich Bahnstrecke und Staatsstraße entstanden. Der letzte private Eigentümer Max Müller legte schließlich den Grundstock für das heutige Aussehen, den Namen und die Nutzung des Gebäudes.

Links: In der ehemaligen DDR waren Gasthaus und Tanzsaal Volkseigentum. 1960 fand hier das letzte große Fest statt. Speisekarten an den Wänden erinnern auf ihre bizarre Art noch an das gastronomische Angebot der 60er Jahre.

Oben: Als erste Disko-Kugel ihrer
Art schwebt die einstige Erfindung
des Großbotheners Wilhelm Ostwald auch heute noch hoch über
dem großen Tanzsaal.

Links: Eine detailgetreue Wandma-
lerei im künftigen Kulturcafé zeigt
"Müllers Tanzpalast", wie er noch
zu Beginn der Sanierung ausgese-
hen hat.

Unten: Wunderschöne Deckenmalereien und Stuckelemente in angrenzenden Räumen erstrahlen wieder
im alten Glanze und vermitteln bereits eine Vorstellung vom künftigen
Ambiente.

Sitzmöbel für besondere Ansprüche

Oben und unten: Für die Kapelle der Burg Mildenstein in Leisnig haben die Oelsaer Stuhlbauer eine größere Serie an rustikalen Holzstühlen hergestellt, deren Sitzflächen in alter Tradition in Kuvertgeflecht gefertigt worden sind.

Neben dieser Art wäre es ebenso möglich, Süß- oder Seewasserbinsen zu verflechten oder auch Sitzflächen mit Ledergeflecht herzustellen.

Rechts: Für den Rittersaal der Burg wurden passende klappbare Stühle aus Hartholz in nostalgischer Scherenform angefertigt.

Schöne Stühle und Sessel sind nicht nur funktionelle Sitzmöbel, sondern auch Kunstwerke. Schon ein einziges Stück in einem besonderen Design kann, wenn es geschickt platziert wird, den Charakter eines Raumes komplett verändern. Im Trend liegen heute wieder aufwändig gearbeitete nostalgische Stühle, die aufgrund ihres Alters zwar oftmals restauriert werden müssen, dafür aber zum besonderen Blickfang avancieren. Ist ein Stuhl so marode, dass er nicht mehr zu retten ist, kann er auch nachgebaut werden. Darauf spezialisiert hat sich eine Handvoll Handwerksbetriebe im Ortsteil Oelsa bei Rabenau. Der kleine Ort im Dresdener Raum ist schon seit dem 16. Jahrhundert als Mekka der Stuhlbauer und -liebhaber in Sachsen bekannt.

Um ihre Kräfte zu bündeln, hatten sich die Handwerker schon im Jahr 1958 zu einer Genossenschaft des Sitzmöbelhandwerks zusammengeschlossen. Ein Bund, der auch schwierige Zeiten überdauerte. Als Geschäftsführerin lenkt Bernadette Fiedler heute die Geschicke der kleinen und flexiblen Gilde. Mit der Vielfalt der einzelnen Gewerke kann jede noch so spezielle Ausführung stilgerecht und solide ausgeführt werden, erklärt sie die Vorteile. Typische Sitzmöbel verschiedener Epochen können genauso nachgebaut werden, wie ausgefallene Unikate und Sonderanfertigungen.

Für die fachgerechte Ausführung sorgen in Oelsa neben Stuhlbauern auch Drechsler, Polierer, Stuhlflechter, Holzbildhauer und Polsterer, die alle traditionellen und modernen Handwerkstechniken beherrschen. Zu den Referenzen gehören Sachsens Schlösser, Burgen und Kirchen aber auch viele private Eigentümer, die Wert auf eine stilvolle Einrichtung legen. Um effizient arbeiten zu können, hat sich jeder Stuhlbauer mittlerweile auf einige Standardmodelle spezialisiert, die auf Wunsch auch modifiziert werden können.

Oben: Im Betrieb eines Oelsaer Stuhlbauers werden klassische Armlehnstühle gefertigt, deren Sitzfläche später je nach Bedarf gepolstert oder geflochten werden kann.

Rechts: Ein alter Eichenstuhl mit hoher Lehne, Lederbezug und Ziernägeln bekommt in Oelsa ein neues Polster. Er stammt aus einem Ensemble, welches im 19. Jahrhundert zu einem bürgerlichen Haushalt gehörte und weitervererbt worden ist.

Unten: Der schadhafte Lederbezug kann erneuert werden. Ein Aufwand, der sich lohnt, weil der übrige Stuhl gut erhalten und das Holz hochwertig, stabil und nicht wurmstichig ist.

Gewebte Kostbarkeiten für das stilvolle Ambiente

Oben: Schon seit 1886 gibt es die Cammann Gobelinmanufaktur in Chemnitz. Dicke Musterbücher gehören zu den Schätzen des Hauses. Fast alle Dekore sind in ihnen als Stoffmuster dokumentiert.

Rechts: Die Serie "Byzanz" zählt nicht nur zu den angesagten Klassikern. Sie war auch Ausgangspunkt für eine neue Taschenkollektion, die u. a. in Dubai vorgestellt und dort begeistert aufgenommen worden ist.

Unten: Ein Ensemble in Violett und Pink mit den passenden Garnrollen bringt einen alten Sessel in der Weberei zum Leuchten.

Rechts: Eine besondere alte Technik wird bei Cammann praktiziert: Ein "Spritzgobelin" wird hier noch per Hand eingefärbt. Der Stoff, zweifarbig gewebt, wird nachträglich durch das Aufbringen von Farben zum besonderen Kunstwerk. Durch eine Schablone werden verschiedene Farben aufgesprüht. Danach wird der Stoff gedämpft um die Farben zu fixieren.

Feine Goldfäden ziehen sich durch türkisfarbenen Jacquard (rechts). Auf einem großen alten Webstuhl entsteht das Muster "Sophia", ein Dekor mit vierblättrigen Blüten und ein Gewebe, das seit Jahrzehnten zu den Klassikern der Chemnitzer Gobelinmanufaktur gehört.

Weit über einhundert Jahre alt und einst als Gobelin- und Mokettweberei gegründet, hat die Firma ähnlich einschneidende Veränderungen erleben müssen, wie viele andere in der Region. Dass es die kunstvollen Textilien trotzdem noch gibt, ist einem kleinen Team zu verdanken, das sich engagiert um die fachgerechte Ausführung der Muster kümmert und erfolgreich neue Nischen sucht, um die gewebten Kostbarkeiten in aller Welt bekannt zu machen. Mittlerweile gibt es sogar Interessenten in Dubai und Amerika. Dort sind insbesondere Handtaschen zu modischen Favoriten geworden, die aus den Chemnitzer Gobelinstoffen genäht werden. Aber auch Liebhaber aus Europa schwärmen für die feinen Muster der Cammann-Gobelins.

Alle Varianten, die hier hergestellt werden können, sind sorgfältig in dicken Büchern und auf Lochkarten dokumentiert worden. „Es ist auch ein Stück Kulturgut, das wir hier bewahren möchten", so Geschäftsführerin Elvi Adler, die den Betrieb 1996 zusammen mit ihrem Geschäftspartner Karlheinz Otto übernommen hatte, weil sie als Messebauerin um die prachtvollen Dekore wusste, die auf den historischen Webstühlen hergestellt werden können. "Technik und Fachleute waren da, es galt neue Wege und Absatzmärkte zu finden", erinnert sie sich an den schwierigen Start vor dreizehn Jahren.

Vom ehemaligen Betrieb in Chemnitz ist die Manufaktur in den kleinen Ort Braunsdorf umgezogen. Hier sind für die Produktion der Gobelins zwei Etagen in einem Webereimuseum angemietet. Die Weberinnen fertigen vor allem kleine, individuelle Serien. Designer, Architekten und Raumgestalter lassen sich vor Ort ausgewählte Muster für besondere Ansprüche weben, mit denen Räume später ihre ganz besondere Note bekommen. Daneben eignen sich die Stoffe auch hervorragend zur Bespannung antiker Sitzmöbel. So sind Muster wie "Sophia", Byzanz" oder "Augustus" heute wieder in vielen Opernhäusern und Schlössern Sachsens vertreten. Genauso reizvoll wie die Auffrischung antiker Stücke ist aber auch der Kontrast zwischen Tradition und Moderne. Ein einziges Kissen aus Gobelinstoff auf einer modern geschnittenen Couch lässt diese zu einem echten Highlight werden, so der Gestaltungstipp von Elvi Adler.

Oben: Das Muster "Sophia" gehört seit Jahrzehnten zu den Klassikern der Gobelinmanufaktur. Gewebt wird auf CSF- und Jacquardwebmaschinen im Französisch-Feinstich. Die großen alten Webstühle sind wie die auf ihnen gefertigten Stoffe auch ein Stück Kulturgut.

Unten: Solche Muster mit der für den Historismus typischen Opulenz in sich verschlungener Blüten, Ornamente und Ranken gehören zum Fundus der Chemnitzer Weberei. Alte Sitzmöbel und Wände können mit den traditionellen Geweben nach historischem Vorbild perfekt restauriert werden, aber auch neue und moderne Interieurs bekommen so eine ganz besondere Note.

Holzkunst mit Farb-, Licht- und Raumkonzepten

Oben: Holzkunstobjekte des Tischlermeisters und Restaurators Thomas Lämmel aus Oberlungwitz in einem Fundus von Steinen aus Porphyr auf der Wiese hinter dem Wohnhaus.

Rechts: Ein weiteres Objekt des Künstlers vor dem Wohnhaus.

Unten: Blick in die Werkstatt- und Ausstellungsräume des Bruders René Lämmel, der ebenfalls Tischlermeister ist und gestalterisch arbeitet. Beide Brüder vereint die Liebe zum Werkstoff Holz. Ihre Ambitionen wollen sie künftig in einer gemeinsamen Firma umsetzen.

Es ist die Kunst der objektbezogenen Holzgestaltung und damit verbundener Ausdrucksformen, welche die Gebrüder Thomas und René Lämmel aus Oberlungwitz immer wieder aufs Neue fasziniert. Beide Brüder stammen aus einem traditionellen Handwerksbetrieb, sind durch die gemeinsame Liebe zum Werkstoff Holz auch über die Kinderjahre hinaus vereint und haben den Beruf des Tischler- bzw. Schreinermeisters erlernt.

Während der ältere Bruder Thomas seine Fertigkeiten auf dem Gebiet der Restauration vertieft hat und sich dafür auch Inspirationen bei einem Auslandsaufenthalt in Italien holte, ging der jüngere Bruder René den Weg des Gestalters, schloss an die Meisterlehre ein Studium auf der Gestaltungsakademie in Chemnitz an und widmet sich heute der kreativen Farb- Licht- und Raumgestaltung.

Betritt man Werkstatt und Ausstellungsräume wird schnell klar, dass jeweils einer den anderen inspiriert. Große reliefartige Bilder mit weichen, geschwungenen Formen und Motiven in teils kräftigen, teils pastellenen Farbtönen und fein abgestimmten Nuancen hängen an den Wänden des Jüngeren. Inspirieren lässt er sich von Themen wie dem Wirbelsturm Kyrill, welcher 2004 über das Land fegte und große Teile des heimatlichen Waldes zerstörte. Eine Bilderserie in beeindruckender Farbskala und Linienführung erinnert daran.

Auch Tische und Stühle sind jeweils Unikate, die sowohl künstlerische als auch funktionelle Ansprüche haben und bis ins letzte Detail durchdacht sind. Je nach Stimmung und Farbwahl lässt sich eine Tischplatte auf die bevorzugte Seite einfach umdrehen. Für bessere Kommunikation in einer geselligen Runde gibt es hohe, leicht nach hinten geneigte Stelen mit einem Sitz, welcher höhenverstellbar ist und an einen bequemen Fahrradsattel erinnert. "So kann man sich in einer aktiven Körperhaltung auch längere Zeit unterhalten, ohne zu ermüden", erklärt der Gestalter das Anliegen seiner sowohl formschönen als auch rückenschonenden Erfindung.

Interessante Pendants sind in der Werkstatt des älteren Bruders Thomas zu finden. Nachdem dieser sich mit Hingabe längere Zeit der Restauration antiker Möbel gewidmet hatte, begann er ebenfalls mit eigener Holzkunst zu experimentieren. Auch hier sind auf eine individuelle Art Themen des Alltags verarbeitet, dominieren kräftige Farben und weiche Formen die teils großformatigen Bilder. Ihre gemeinsame Liebe zum Werkstoff Holz wird die Gebrüder Lämmel, welche Nachbarn geblieben sind, nun auch wieder beruflich vereinen. Eine große Maschine für das Sägen von Furnieren wurde angeschafft. Die damit verbundenen Möglichkeiten sollen Ausgangspunkt für eine neue Firma der beiden Holzkünstler werden.

Oben: Holzkunst mit weichen Formen und Schachbrettoptik in der Werkstatt des älteren Bruder Thomas Lämmel.

Unten: Ein überdimensionales Objekt des Holzkünstlers in warmen Ocker- und Orangetönen mit reliefartiger Struktur bringte eine Ecke der Werkstatt zum Leuchten.

Rechts: Skulpturen gleich stehen die Kommunikationsstelen des Gestalters René Lämmel vor dessen Arbeitstisch in der Oberlungwitzer Werkstatt. Ein höhenverstellbarer Sitz sorgt für eine den Rücken schonende und bequeme Haltung beim Arbeiten und Kommunizieren. Die leichte Neigung nach hinten und die ungewöhnlich hohe hölzerne Lehne garantieren dabei eine durchweg entspannte Position.

Unten links: Dem Wirbelsturm "Kyrill" gewidmet ist dieses wunderschöne großformatige Holzkunstwerk in leuchtenden Blau-, Rot- und Ockertönen, welches der Gestalter mit einer geschwungenen Oberfläche und feinen Intarsien versehen hat.

Links: Flügeln gleich ragt diese große Skulptur von René Lämmel in die helle, verglaste Dachkonstruktion der Lebenshilfewerkstatt in Hohenstein-Ernstthal. Gezielt hat der Künstler hier eine verbindende Komposition geschaffen, die thematisch und gestalterisch Farben und Formen des Hauses aufgreift.

Unten Mitte: Blick in einen der Ausstellungsräume in Oberlungwitz mit weiteren Holzkunstobjekten.

Unten: Eines der Bilder aus der "roten Phase", welches mit seinen besonders intensiven und fein aufeinander abgestimmten Farbschattierungen zum Blickfang im Raum avanciert.

Wenn die Feuerstelle zum Kunstwerk wird

Oben: Ein Kamin ist nicht nur Feuerstelle, sondern auch ein besonderes gestalterisches Element im Wohnraum. Hier ist an einem Modell mit gemütlicher Bank zugleich eine kuschelige Ecke zum Plauschen und Lesen entstanden.

Rechts: Mit kunstvoll zusammengefügten sächsischen Sandsteinplatten, welche eine Kugel desselben Materials einschließen, wird ein Kamin einer Dresdener Familie gleichsam zum Kunstwerk.

Versunken in glühende Holzscheite im knisternden Feuer zu blicken, gehört zum absoluten Glücksgefühl für Holzofen- oder Kaminliebhaber, die dabei gern ein in gutes Buch lesen, ein Glas Wein trinken oder mit Familie und Freunden plauschen. Nicht zuletzt sind Kamine deshalb auch zum architektonischen und gestalterischen Bestandteil von Wohnräumen avanciert. Form und Farbe beeinflussen meist die übrige Raumstruktur. Die Art der Möbel, Putz und Tapeten werden letztlich danach ausgewählt, ob der Kamin modern, zeitlos oder rustikal geartet ist.

Das gesamte Paket so anzubieten, dass daraus letztlich ein stimmiges Gesamtbild entsteht, hat sich Silvia Schilling aus Gröbschütz (rechts oben) zur Aufgabe gemacht. Die Unternehmerin ist ständig auf Messen und Märkten oder im Internet nach geeignetem Interieur und Wohnideen auf der Suche. Sie möchte Ästhetik anbieten, die immer auch etwas Besonderes hat und lässt dafür Naturstein aus Spanien verarbeiten. Wer gern mit Materialien wohnt, die aus dem umliegenden Sachsenlande stammen, kann aber wahlweise auch auf Sandstein zurückgreifen, der im Umland abgebaut wird. Für ihre eigenen Wohnräume hat sich die junge Frau für einen modernen Kamin entschieden.

Tipp der Expertin: Bei der Anschaffung ist eine genaue Planung vor dem Neu- oder Umbau eines Hauses günstig. Zu beachten sind jeweils die gesetzlichen Vorschriften und Fragen der Sicherheit. Wer nur das flackernde Licht mag, hat mit Modellen, in denen Bioalkohol zum Brennen gebracht wird, vielleicht die richtige Wahl getroffen. Eine Feuerstelle, welche im Winterhalbjahr mit selbst geschlagenen Holzvorräten den gesamten Wohnraum behaglich wärmt, muss jedoch mit dem vorhandenen Platz, den verbauten Materialien oder der Anschlussstelle harmonieren.

Rechts oben: Silvia Schilling mit ihrem Sohn vorm Kamin. Rote Schalensessel und eine Bogenlampe ergänzen die klaren Formen und Farben des modernen Ensembles. Die Unternehmerin ist ständig auf der Suche nach neuen Accessoires, welche gut zum eigenen Wohnambiente passen.

Darunter: Eine Auswahl verschieden gestalteter Kaminmodelle aus der Gröbschützer Fertigung. Wichtig ist neben der Ästhetik auch immer die Effizienz und Speicherfunktion einer Feuerstelle. Neben Kamineinsätzen aus Guss können wahlweise auch solche mit Schamotte gefertigt werden.

Bis in das 19. Jahrhundert hinein war noch der offene Kamin
verbreitet, insbesondere, um Räume bewohnbar zu machen,
die sonst nicht beheizt werden konnten. Der heutige geschlossene Kamin ist eine technische Weiterentwicklung des Vorgän-
gers. Mit einer feuerfesten Glasscheibe wird der Feuerraum
zum Kaminzimmer hin abgegrenzt.

Technische Erweiterungen: Bei wasserführenden Kaminen
(Kaminheizkesseln) kann das erwärmte Wasser zusätzlich über
das Heizungsnetz in die Wohnräume geleitet oder für die tägli-
che Heißwasserversorgung genutzt werden. In Verbindung mit
dem Heißwasserspeicher der Heizungsanlage kann die Energie
auch als Zweitheizung verwendet werden. Moderne Kamin-
öfen können mit Brennholz, Holzbriketts oder -pellets, Papier
oder auch Bioethanol beheizt werden. Tipp: Eine gute Ver-
brennung des Holzes kann man an der hellgrauen bis grauen
Asche erkennen, die keine Kohlereste mehr enthält. Diese
Asche kann im Garten als Dünger verwendet oder dem Kom-
post zugeführt werden, weil sie aus Mineralien und Kalk besteht.

Silvias Rezept für einen langen Winterabend am Kamin:
Bratäpfel in Vanillesauce: 4 Äpfel z. B. Boskop, 50 g Rosinen, 50 g
Mandelsplitter, 4 Teelöffel Aprikosenkonfitüre, 1 Prise Zimt.

Die Äpfel waschen, aber nicht schälen und das Kernhaus ausstechen.
Dann Mandeln, Rosinen, Konfitüre und Zimt miteinander vermi-
schen. Das Ganze mit einem Teelöffel in die Äpfel füllen und andrük-
ken. Die Äpfel in eine gefettete Auflaufform geben und im Backofen
ca. 25 Minuten bei 200 Grad braun braten lassen.

In der Zwischenzeit ein Päckchen fertige Vanillesauce in Milch ein-
rühren und diese laut Anweisung auf Päckchenrückseite zubereiten.
Die Sauce kann je nach Belieben warm oder kalt zu den heißen Äp-
feln serviert werden.

Winter

Idyllisches Landleben und attraktive Stadtnähe

Oben: Aus der Vogelperspektive kann man die beeindruckende Größe des Landhotels Gut Wildberg am besten ermessen. Der an vier Seiten bebaute und von Bettina und Roland Taubinger liebevoll sanierte Hof mit Hotel liegt im Dresdner Elbland nur wenige Kilometer von Dresden entfernt.

Rechts und rechts oben: Der lange und schneereiche Winter 2009 hüllt den Hofeingang des großen Gutes in einen zauberhaften, weiß glitzernden Mantel.

Das imposante Portal ist nach einem alten Aquarell neu aufgebaut worden, welches der Vorbesitzerin gehörte, die mit auf dem Hof lebte.

Das Wappen mit Pferd haben Handwerksburschen gefertigt, die hier auf der Walz waren.

Die idyllische Umgebung lädt Gäste des Hauses zu ausgedehnten Wanderungen ein. Für wohlige Entspannung im Hotel haben die Hoteliers eine der Landschaft angepasste rustikale und gleichermaßen komfortable Saunalandschaft eingerichtet (folgende Seiten).

Als Bettina und Roland Taubinger ihren Gutshof zum ersten Mal besichtigten, erschien der ihnen eigentlich viel zu groß. Bereut haben sie ihren Mut, die Häuser zu erwerben und daraus ein Hotel zu machen, aber nicht. Die einzigartige Lage des Gutes Wildberg vor den Toren Dresdens bietet attraktive Stadtnähe und idyllisches Landleben. Ein Umstand, den Gäste und Freunde sehr schätzen.

Zu jeder Jahreszeit locken Kunst und Kultur der nur wenige Kilometer entfernten Landeshauptstadt. In Herbst und Winter werden ausgedehnte Saunagänge und lange Wanderungen besonders genossen. In der warmen Jahreszeit werden Terrasse, Schwimmteich und Garten genutzt.

Hotelier, so die Eigentümer, das müsse man vor allem im Herzen sein. Lange vor der politischen Wende hatten die ehemaligen Süddeutschen schon gewusst, dass sie sich verändern, ein Unternehmen im Gastronomiebereich aufbauen wollten. Dass ihr neues Zuhause im Dresdner Elbland sein würde, hatte das Paar damals noch nicht vermuten können. Durch eine Einladung von Bekannten lernte es das sächsische Umland kennen und lieben. Ein Anlass, um sich hier letztlich auch für Immobilien zu interessieren, schließlich fündig zu werden und eine Familie zu gründen. Zusammen mit seiner Frau und den drei Kindern, die alle in Sachsen geboren sind, hat der handwerklich versierte Elektroniker seinen Hof nach dem Erwerb im Jahre 1992 Schritt für Schritt nach altem Vorbild erhalten und saniert. Vorlagen dazu lieferten nicht zuletzt detailgetreue alte Bilder und Dokumente der Vorbesitzerin, die ihren Lebensabend in einem der Seitengebäude verbracht hat und von früher viel zu erzählen wusste. Dass man sich hier hilft und versteht, ließ den Neubeginn leicht werden. Und auch die Tatsache, dass es in der Umgebung so viel erhaltene Bausubstanz gibt, begeistert die ambitionierten Hofeigentümer immer wieder aufs Neue.

Oben: Im früheren Stall ist der heutige Gastraum des Gutes Wildberg eingerichtet worden. Imposante Sandsteinsäulen und ein Boden aus Naturstein verleihen dem großen Raum den passenden rustikalen Charakter. Die Säulen sind jahrhundertealt und gehörten wohl zur früheren Einfriedung des Hofes. Aushöhlungen, in denen früher einmal Verbindungen und Riegel arretiert waren, zeugen davon, dass es sich um Zaunsäulen handelt, die von einem früheren Eigentümer zu tragenden Elementen umfunktioniert worden sind. Von der langen landwirtschaftlichen Tradition des Hofes erzählen unzählige Fundstücke, welche die Eigentümer an den Wänden aufgehängt haben. Viele davon sind Gaben der umliegenden Höfe an die Zugezogenen. Wäschestücke aus Omas Zeiten zieren die hölzernen Raumteiler. Originelle Idee: Für die passende Beleuchtung sorgen mit Glühbirnen bestückte Wagenräder.

Oben und unten: So wie alle Räume des Hotels sind Saunalandschaft und Ruheraum zunächst im Kopf der Eigentümer und dann im Computer entstanden. Für Roland Taubinger, der selbst mit Architekturprogrammen arbeitet, war die schrittweise Sanierung seines denkmalgeschützten Hofes eine Etappe mit vielen Zwischenzielen, die in den vergangenen Jahrzehnten immer wieder neuen Anlass zu Freude über das Erreichte gegeben hat. Heute bieten die verwinkelten Räume der einstigen Scheune das perfekte Ambiente für eine ausgedehnte Wellnesslandschaft.

Das gleichermaßen rustikale wie komfortable Ambiente mit Sauna, Dampfbad und Kaminecke zeigt, auf welch sanfte Art sich Tradition und Moderne vereinen lassen. Naturstein, Holz und gediegene Farben gehen mit dem ländlichen Umfeld eine harmonische Verbindung ein. Die Eigentümer haben die Umnutzung ihres Hofes aber nicht nur kreativ geplant, sondern auch selbst mit Hand angelegt. Beim Gestalten des kunstvollen Mosaiks im runden Fußbassin (oben) hat einer der Söhne mit geholfen. Taubingers Tipp für Saunagänger: Das Fußbad immer vor dem Saunagang einplanen, damit man besser schwitzt (viele Saunagänger machen es umgedreht).

Mitte: Wohltuende Kosmetik- und Massagebehandlungen runden das Angebot ab.

Linke Seite: Tagträumerei im Gut Wildberg. Eine Besucherin nutzt das Verwöhnprogramm des Hauses mit Rosenblättern bei Kerzenschein im warmen Wannenbad.

167

Weißer Blumenzauber bei Eis und Schnee

Oben: Der verschneite Blumenladen der Familie Schröter in Beiersdorf bei Grimma ist auch in den kalten Wintermonaten ein Domizil für Blumenfreunde aus dem Leipziger Raum.

Rechts: Blick in den Verkaufsraum, der im Landhausstil eingerichtet ist. Im Januar und Februar, wenn die Natur draußen noch ruht, gestalten die Floristinnen ein stilvolles Refugium in Pastelltönen, die zu Eis und Schnee passen.

Unten: Das Vorbild für die passende Innendekoration liefert die Natur vor dem Haus mit ihren wunderschönen Farbnuancen, die sich je nach Tageszeit und Lichteinfall verändern.

Im Winter, wenn draußen vor dem Haus die Schneekristalle tausendfach in der Sonne glitzern und weiße Häubchen die Bretter der Zäune, Regale und Blumentöpfe verzaubern, gibt es viele Möglichkeiten, das eigene Heim zu verschönern und damit kleine Oasen für die Seele zu schaffen. Mit einem besonderen Gespür für die ruhende Natur vor der Tür und die Farbnuancen der Jahreszeit gestalten drei Floristinnen in der kleinen Gemeinde Beiersdorf bei Grimma auch in den kalten und vermeintlich weniger einladenden Wintermonaten hier ein wunderbares Refugium der zarten Blumendüfte und stilvollen Dekorationen. Zusammen mit ihrer Mutter Birgit und ihrer Schwester Claudia Schröter stellt die Meisterin der Floristik Jana Andrä (unten rechts) im Januar kurz nach dem Weihnachtsfest zauberhafte weiße und pastellfarbene Arrangements zusammen.

Auch wenn auf dem Markt heutzutage so gut wie alles erhältlich ist, sei es nicht ihre Sache, es drinnen farblich "krachen zu lassen". Harmonische Töne sind angesagt, wenn sich draußen alles in einen solch unvergleichlich schimmernden weißen und graublauen Zauber hüllt, so die Floristin. Skurrile Äste, geschält oder in Naturfarben, bilden den idealen Hintergrund für glitzernde Kristalle und lange schimmernde Zapfen aus Glas. Farben wie Weiß und Grün in duftenden Tulpen- oder Hyazinthensträußen setzen winterliche Akzente. Schön sind auch weiße Emailleeimerchen mit den ersten Schneeglöckchen in der wärmenden Wintersonne anzusehen.

Farblich passende Kerzen können den winterlichen Blumenzauber in der beginnenden Dämmerung erhellen. Ihre feine und dezente Art, mit Naturmaterialien umzugehen, hat die Floristin in ihrer zweijährigen Ausbildung am Chiemsee erlernt. Der Meisterabschluss in Pillnitz habe für den weiteren Berufsweg dann noch den letzten Schliff gegeben, verrät sie. Jana Andrä geht es darum, das Gespür für besondere jahreszeitliche Stimmungen einzufangen und diese mit ihren eigenen Mitteln so umzusetzen, dass die Natur ins Haus geholt wird und ein Übergang zwischen Drinnen und Draußen geschaffen wird.

Rechts: Schimmernde Kristalle mit filigranen silbernen Halterungen und violetten Samtbändern lassen die knorrigen Äste einer Korkenzieherweide winterlich erstrahlen, die hier mit Draht zusammengebunden wie ein Baum anmuten.

Mitte: Weiße Blüten greifen die Farben der Schneelandschaft auf und bringen zugleich Vorfreude auf den Frühling.

Unten: Die Floristin Jana Andrä mit einem ihrer bezaubernden Wintersträuße.

Links: Hier geben helle, cremfarbene Nuancen und zarte Pastellfarben den Ton an. Wie weiße Schneebälle sehen die Früchte der Baumwollpflanze aus und passen damit perfekt zur jahreszeitlichen Dekoration.

Geschälte Äste sind eine effektvolle Idee für die winterliche Zimmerdekoration. Dicke Kerzen, die in weißen durchbrochenen Emailletöpfen stehen, und die ersten grünen Spitzen der Frühjahrsblüher runden das duftige Ensemble ab.

Unten: Das christliche Fest wird in verschiedenen europäischen Ländern zeitlich verschoben und nach Historie und Brauchtum der einzelnen Regionen bis in den Januar hinein begangen. Rosen in gefilzten Füllhörnern mit goldenem Werg dürfen deshalb auch hier noch an die alljährliche Weihnachtsausstellung im November erinnern, welche zwar vorbei ist, aber immer noch ihre Stimmung in den Räumlichkeiten verbreiten darf.

Rechts: Eine wunderschöne Symbiose mit dem weißen Pulverschnee geht diese Kugel mit Tazetten, Freesien, Scabiosen, Germini, Ranunkeln und den weichen weißen Blütenständen der Baumwollpflanze ein.

Unten: Frisch erblühte Schneeglöckchen in kleinen Emaille-Eimerchen, die als originelle Übertöpfe dienen, stimmen auf das bevorstehende Frühjahr ein.

Unten: Unter dem dick verschneiten Tisch vor dem Haus hängen noch gebundene Mistelzweige vom vergangenen Weihnachtsfest. Misteln eignen sich gut für Wildgärten, da sie einfach anzupflanzen sind. Es reicht aus, frische Beeren an eine junge Borke eines geeigneten Wirtsbaumes anzuheften. Die Mistel gilt seit Jahrhunderten als Wunderpflanze gegen Krankheiten und als Symbol des immerwährenden Lebens. In England gibt es das Ritual, dass ein Mistelzweig in der Weihnachtszeit über der Tür dazu berechtigt, junge Damen, die direkt darunter stehen, zu küssen.

Unten: Winterzauber mit bereiften Ästen, geflochtenem Kranz und Vogelhaus im Vorgarten des Ladengeschäftes in Beiersdorf.

Vom besonderen Glanze des "Silbers für kleine Leute"

Oben: Der kunstvoll verzierte Zinnteller wurde passend zum Herkunftsort seiner Fertigung mit Motiven der Stadt Freiberg versehen. Der Zinngießer Wolfgang Barthel hat unzählige solcher Exemplare für besondere Anlässe und Jubiläen gefertigt.

Rechts: Sein Zinngerät stellt der Freiberger stilgerecht im Kunsthandwerkerhof unweit des Schlosses unter einem jahrhundertealten Kreuzgewölbe in einem der ältesten Stadthäuser zur Schau.

Links: Eine Drehbank ist unerlässlich für eine Zinngießerei. An ihr werden Einzelteile gefertigt oder fertige Gussteile poliert. Dabei geht so gut wie kein Material verloren. Sogar die hier abfallenden Späne aus Zinn können, wenn sie nicht eingeschmolzen werden, später eine schmückende Funktion als Baumbehang oder als Beiwerk für Floristengebinde übernehmen.

Was der Zinngießer Wolfgang Barthel in seiner Freiberger Werkstatt gießt, dreht, lötet oder poliert, wurde früher als das "Silber des kleinen Mannes" bezeichnet. Zinngerät und -leuchter haben eine jahrtausendealte Tradition, gelangten in den einzelnen Epochen immer wieder zu neuen Ehren und gewannen auch im 19. Jahrhundert noch einmal an Bedeutung. Traditionell in Handarbeit gefertigt, sind die edel glänzenden Stücke auch auf den zweiten Blick kaum von echtem Silber zu unterscheiden und haben nichts von ihrem Zauber verloren.

Zeitlose schicke Formen sind es, die Wolfgang Barthel für seine Serien bevorzugt. Der Freiberger liebt das Besondere und ist mit seiner kunsthandwerklichen Nische heute gerade einmal einer von zwei Zinngießern, die es in der Region noch gibt. Zinn, so erzählt er, wurde früher vor allem wegen seiner Korrosionsbeständigkeit verwendet, wenn Silber zu teuer war. Mit ihren Zinngerätschaften konnte eine bürgerliche Hausfrau andere beeindrucken und einen gewissen Wohlstand zur Schau stellen.

Das silberweiß glänzende und sehr weiche Metall bekommt der Freiberger in Barrenform angeliefert. Bevor daraus seine individuell kreierten Figuren, Leuchter, Teller, Becher, Kugeln oder Spieldosen entstehen, ist eine Reihe von Arbeitsgängen nötig. Einzelne Stücke werden im Formguss hergestellt. Dafür benötigt der Kunsthandwerker diverse Formen, die er selbst fertigt. Das traditionelle Hämmern und Treiben ist heute weniger gebräuchlich, erklärt er. Einzelteile werden verlötet. Grate und raue Oberflächen werden durch Verfahren wie Drehen oder Schleifen nachbearbeitet, so dass die Stücke schließlich ihren unverwechselbaren Glanz bekommen.

Oben: Mit einem besonderen Verfahren wird Zinn auf Glaskugeln aufgebracht, so dass im Verbund der beiden Stoffe ein ganz besonderer Baumschmuck mit herrlichen Kontrasten entsteht.

Unten: Zu den besonderen Stücken der Freiberger Zinngießerei gehören solch aufwändig gefertigte Spieldosen, die mit ihrem Dekor und der Beschriftung das jahrhundertealte Brauchtum der regionalen Bergmannszunft aufgreifen.

Oben: Die glänzenden Leuchter werden Leuchterspinnen genannt und bestehen aus nummerierten Einzelteilen, in die sie sich zum Transport oder Putzen auch auseinandernehmen lassen. Dieses Exemplar wurde zusätzlich mit kleinen Bergbauszenen aus Zinn verziert.

Rechts: Eine Abbildung eines Büchleins der "Gemein-Nützlichen Haupt-Stände von den Regenten und ihrer so in Friedens- als in Kriegszeiten zugeordneten Bedienten an biß auf alle Künstler-und Handwerker" von Christop Weigel, Regensburg 1698. Die Grafik einer Zinngießerwerkstatt erzählt von den traditionellen Fertigungsschritten bei der Herstellung von Zinngerätschaften. Auch heute noch fertigt ein Zinngießer seine Stücke traditionell von Hand.

Oben: Die Gießformen für seine Zinnbecher stellt Wolfgang Barthel selbst her. Korpus und Fuß werden separat gefertigt, filigrane Arbeiten für die teils winzigen Reliefs von Hand verfeinert. Ihren Glanz bekommen die Stücke dann durch anschließendes Bearbeiten von Hand.

Rechts: Zwei Leuchter mit Zierkante und Griff aus der Freiberger Fertigung, die wie echtes Silber anmuten. Barthels Tipp: Ein einfacher Lappen reicht, um patinierte Gefäße wieder so blank zu bekommen, wie diese neuen Stücke.

Unten: Zinnbecher entfalten ihre glänzende Pracht, wenn mehrere Exemplare zusammen präsentiert werden. Stücke aus Zinn können in jedem Raum anders wirken und sind durch ihre reflektierende Oberfläche unglaublich wandelbar, weil sie Stimmung und Farbtöne ihrer Umgebung annehmen.

175

Gänsemarkt, fliegende Daunen und kuschelige Betten

Oben: Blick in die Daunenstube der Gänsezucht Eskildsen GmbH in Wermsdorf.

Rechts: Wie ein Schneegestöber sieht der Federnflug in der großen Daunensortieranlage aus. Dieser Arbeitsgang ist nötig, um später daraus hochwertige Kissen und Deckbetten zu fertigen.

Rechte Seite oben: Flauschige Gänseküken in der Aufzucht.

Rechte Seite Mitte: Die Kammern eines gesteppten Deckbettes werden von einem Gebläse mit Daunen befüllt.

Unten: Eine bunte Auswahl an Federkissen aus der Eskildschen Fertigung.

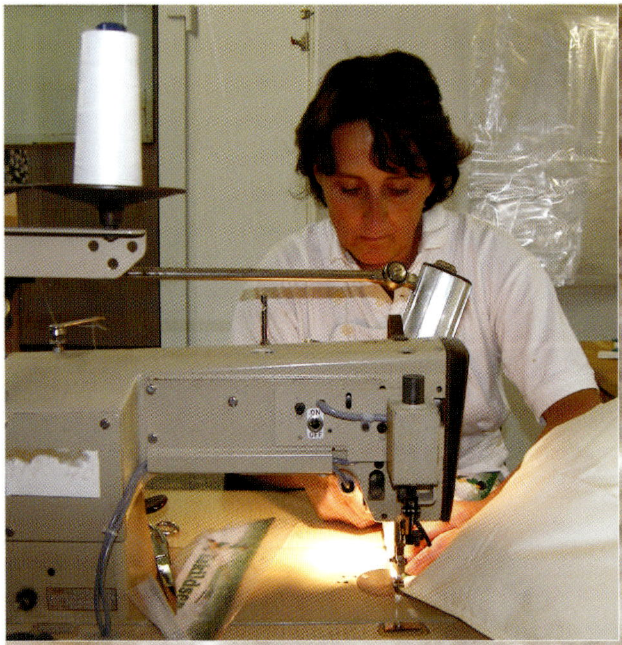

Gänsefedern, so leicht wie ein Hauch, schweben hinter einer Glasscheibe hoch in der Luft. Es ist wie ein Schneegestöber, wenn halbe, dreiviertel und fedrige Daunen je nach Gewicht in eine andere Maschinenkammer fallen. Später werden sie zu Kissen und Deckbetten verarbeitet. Die sind wie die so sorgfältig sortierte Füllung kuschelweich und federleicht. Ob es ein Kammer-, Punkt-, Waben- oder Kassettensteppbett wird, entscheidet Mitarbeiterin Cornelia Freund (linke Seite).

In der Gänsezucht Eskildsen GmbH hat die vielseitige Frau zusammen mit anderen Kollegen eine ganze Reihe von Aufgaben übernommen. Die Daunenstube, der Nähtisch und die ganzjährige Reinigung von Bettfedern sind nur ein Bereich. Der Schlupf der unzähligen Gänseküken ab April gehört ebenfalls dazu. Zucht- und Mastgänse werden hier vom Firmenteam aufgezogen und gehütet. Im April beginnt auch jeweils der Verkauf der Jungtiere.

Die Organisation des weihnachtlichen Gänsemarktes im November und Dezember beschließt traditionell den Jahreskalender. Dann pilgern regelmäßig tausende Gäste zu dem idyllisch gelegenen Firmengelände auf der alljährlichen Suche nach einem saftigen Highländer-Rinderbraten, der perfekten Weihnachtsgans, dem dichtesten Tannenbaum oder einem möglichst großen Karpfen aus den Wermsdorfer Teichen für die festliche Weihnachtstafel. Wer mag, kann sich dazu auch gleich den passenden Weihnachtsschmuck aussuchen. Eine logistische Herausforderung für das ganze Team, um den Trubel zu „stemmen", zu dem traditionell auch ein Gänseball, Kabarettabende oder Puppentheaterspiele gehören.

Entwickelt hat sich der Gänsezuchtbetrieb, als Vater und Sohn Eskildsen 1990 den Wermsdorfer Betrieb übernahmen. Das frühere Kombinat für industrielle Mast haben sie in eine artgerechte Freilandhaltung und Aufzucht für ihre "Dithmarscher" umgewandelt. Für die vorbildliche Tierhaltung hat der Mutzschener Betrieb entsprechend den "Grünstempel" bekommen, verliehen von der EU-Kontrollstelle für ökologische Erzeugung und Verarbeitung landwirtschaftlicher Produkte. Mit 2000 Gänsen hatte die Familie vor vielen Jahren in Schleswig-Holstein begonnen. 60 Prozent des gesamten deutschen Gänseaufkommens werden in dem Mutzschener Zuchtbetrieb am Lindigt heute aktuell erzeugt.

An Weihnachten
ist es im Schloss
am schönsten

Oben: Mit einem Adventsgesteck ist der große offene Kamin in der Eingangshalle des Schlosses Dornreichenbach festlich geschmückt. Dekorationen müssen hier immer eine Nummer größer sein, um wahrgenommen zu werden.

Rechts: Zum Jahresausklang verwandeln sich die Räume des großen Hauses in ein romantisches Wintermärchen.

Unten: Die schwere, hölzerne Eingangstür wird an Weihnachten von einer Ranke aus Tannenzweigen umrahmt.

Margaret, Paul-Geoffrey, Katherine, Paul, Merle und Juliette Fairhurst leben seit zwei Jahren in ihrem Schloss Dornreichenbach bei Wurzen. Mit dem Kauf des herrschaftlichen Anwesens hat sich die weitgereiste Familie einen lang gehegten Lebenstraum erfüllt. Beruflich sind sie in den vergangenen Jahren auf fünf Kontinenten unterwegs und damit nie länger als drei Jahre am selben Ort gewesen. Ein guter Grund, um hier nun endlich anzukommen, erklärt die Hausherrin, deren geschmackvoller Stil und Sinn für Behaglichkeit überall zu spüren ist. Den Tipp mit dem leerstehenden Baudenkmal hatte die Familie von einem befreundeten Makler bekommen. Bei der ersten Besichtigung hatten sich die Weltenbummler sofort in das schöne Haus verliebt.

An Weihnachten lädt die gastfreundliche Schlossherrin nicht nur ihre ganze Familie, sondern wie jedes Jahr auch Freunde ein, mit denen das schönste Fest des Jahres und der anschließende Silvesterball gefeiert wird. Vor dem Heiligen Abend sind Kinder aus dem Ort zu Gast, für die der Weihnachtsmann mit der Kutsche ins Schloss kommt und Geschenke verteilt.

Aber nicht nur an Weihnachten verbreitet sich in den unzähligen Ecken und Winkeln des großen Hauses eine besondere Atmosphäre. Im Schloss ist es zu jeder Jahreszeit gleichermaßen schön, schwärmt die dunkelhaarige Kosmopolitin, die ihre Wurzeln in Wien und Süddeutschland hat. Wichtig sind der vierfachen Mutter insbesondere Traditionen des familiären Zusammenhaltes, die hier bewahrt werden sollen. Es ist für sie der Ort, an dem sich alle treffen und wieder auftanken können, gerade weil zwei der mittlerweile erwachsenen Kinder heute in Deutschland sowie im Ausland studieren und nur die Jüngste noch da ist, die im Nachbarort die Schule besucht.

Oben: Blick in den großen Salon im Erdgeschoss des Schlosses, dessen hohe Fenster direkt in den angrenzenden Park münden. Holzdecke, Fenster und Türen sind im Original erhalten.

Mitte: Margaret und Paul Fairhurst mit ihrem Hund Woodhouse vor dem Kamin in der Eingangshalle.

Links oben: Ins Gästebuch tragen sich all jene ein, die hier schon einmal über Nacht weilten.

Links unten: Ein Bild eines Ritters zeugt von der jahrhundertealten Historie. Es zeigt Schloss Dornreichenbach im Bauzustand vor etwa 150 Jahren. Vor über 600 Jahren wurde der kleine Ort erstmals urkundlich erwähnt. Zeiten der Not ließen Reichenbach im 30-jährigen Krieg gänzlich abbrennen. Die Bewohner kamen um oder ließen sich in anderen Dörfern nieder.

Jahre wohnte daraufhin kein Mensch mehr vor Ort. Dornen und Gestrüpp überwucherten Felder und Dorf, was fortan den Namen Dornreichenbach einbrachte. Später wurden Dorf, Kirche und Schule wieder aufgebaut. Bis Ende des zweiten Weltkrieges wurde das bis heute erstaunlich gut erhaltene Schloss von der Familie eines Strumpffabrikanten bewohnt, in der ehemaligen DDR zu einer Frauenklinik und danach zum Altenheim umfunktioniert. Ein Umstand, der dazu verholfen hat, architektonische Kleinode im Haus weitestgehend zu erhalten.

Bildhintergrund und unten: Flügel und Notenständer stehen im großen Salon mit prachtvoller Stuckdecke und Kamin im ersten Stock und verraten, dass hier Konzerte und Hausmusik veranstaltet werden. Für die nötige Gemütlichkeit sorgen liebevoll restaurierte und mit Bedacht ausgewählte Möbel verschiedener Epochen und wollene Teppiche mit klassischen Motiven. Ein roter Diwan, der dem offenen Kamin gegenübersteht, verwandelt eine große Fensternische in eine behagliche Sitz- und Leseecke.

Links: Im Winter ist es hier besonders romantisch. Durch die Fenster im Erdgeschoss wagen sich zaghafte Sonnenstrahlen, welche die Glasprismen der antiken Leuchter zum Glänzen bringen. Von hier hat man einen Ausblick auf den mehrere Hektar großen angrenzenden Park, der vom Landschaftsgestalter Max Bertram geplant und angelegt wurde, der seinerzeit auch die Anlagen des Schlosses Sanssouci in Potsdam gestaltet hat.

Unten: Vom kleinen blauen Salon, der direkt in die angrenzenden größeren Räume führt, kann man durch eine weitere Tür direkt in den großen Schlosspark treten. Um ein solch großes Haus zu erhalten, ist das Engagement der ganzen Familie gefragt, deren Mitglieder sich gleichermaßen in Sachsens Landschaft und Architektur verliebt haben und mittlerweile hier ansässig geworden sind. So hat nun auch die Schwester des Hausherrn ein Schloss in benachbarten Kobershain gekauft. Und auch Tochter Merle hat mit Familie nur wenige Kilometer entfernt in Voigtshain ein kleines Schloss erworben. Die junge Familie bewohnt dort einige Räume und wird das Haus in den kommenden Jahren sanieren.

Oben: Opulente Fenstervorhänge in sonnigem Orange tauchen diesen Salon im oberen Stockwerk auch an grauen Wintertagen in ein mediterranes Licht. Die Räume des Schlosses so einzurichten, dass sie in allen Winkeln für die Familie wohnlich und behaglich sind, war eine besondere Herausforderung für die Eigentümerin.

"Obwohl hier fast alles in einem gut erhaltenen Zustand war, gab es keine Möbel bei unserer Ankunft", erzählt sie. Mit viel Liebe zum Detail und einem sicheren Gespür für das besondere Ambiente, ausgewählten Fundstücken und Neuerwerbungen ist Schloss Dornreichenbach für die Familie zu einem stilvollen Zuhause geworden.

Rechts: Ein Grammophon mit grünem Schalltrichter steht neben einem Bücherschrank, unter einem farblich passenden Aquarell. Es erzählt von den genialen Erfindungen des beginnenden industriellen Zeitalters und lenkt die Blicke zugleich in das angrenzende Musikzimmer. Als reines Abspielgerät, welches Ende des 19. Jahrhunderts in Berlin erfunden wurde, war ein solches Grammophon der mechanische Vorläufer des Plattenspielers. Die Blütezeit erlebte die dekorative Musikmaschine gegen Ende der 20er Jahre. Danach wurden Schallplatten zunehmend elektrisch abgenommen und über einen Verstärker wiedergegeben.

Links oben: Eine Passionsblume überwintert im großen Wohnzimmer gleich neben der Gartentür, die direkt in den Park hinausführt. Hier ist die Natur auch in den meist milden Wintermonaten allgegenwärtig. Öffnet man die Flügeltüren, zwitschern die Vögel, rauschen die hohen Bäume, dringen Sonnenstrahlen durch das dichte Laubwerk.

Rechts oben: Ein Diwan mit gestreiftem Jacquard lädt in einer Ecke zum gemütlichen Plausch in der großen Eingangshalle ein. Ein schwerer, roter Samtvorhang verleiht dem eher kühlen Vorraum Gemütlichkeit.

Links: Ihr Himmelbett, in dem meist Gäste schlafen, hat die Eigentümerin in einem Auktionshaus im Internet erstanden. Solche Betten mit vier Pfosten sind bereits seit dem Mittelalter in Mode. Das schwere Bett mit Vorhängen diente tagsüber als Sitzgelegenheit, nachts wurden die Vorhänge zugezogen und es entstand ein so genannter Alkoven. Betten dieser Art wurden mit der Zeit immer größer und geräumiger, die Stoffe feiner, die Materialien exquisiter und die Schnitzereien kunstvoller. Dieses schönen Exemplar hat mit rotem Überwurf, farblich passenden Kissen und Vorhängen aus Chiffon eine besondere Note bekommen.

Oben: Von den Räumen im Dachge-
schoss hat man einen Überblick über
die kunstvoll gestalteten Parkanlagen.
Das Areal wurde mit klassischer Orna-
mentik im geometrisch-regelmäßigen
Stil erschaffen. Zum weitläufigen
Schlossgelände gehören auch angrenzende Waldstücke und ein Teich.

Rechts: Lautes Kinderlachen und Bewegung gehören für die Hausherrin und
ihren Mann, die selbst zusammen mit
vielen Geschwistern aufgewachsen
sind, zu einem erfüllten Leben im
Schloss dazu. Es sollen ja auch die
kommenden Generationen sein, die hier
unsere Aufgaben weiterführen werden,
wünschen sich die beiden.

Tochter Juliette, die den kleinen Hund
ihrer großen Schwester im Arm hält, ist
das Nesthäkchen der großen Familie.
Die Neunjährige besucht die Schule im
Nachbarort und bringt gern Klassenka-
meraden mit nach Hause, die den großen Bau mit seinen unzähligen Räumen
dann wenig ehrfürchtig, dafür aber leb-
haft und ungestüm, treppauf, treppab er-
kunden.

Nach wie vor gibt es keinen schöneren Platz zum Leben

Oben: Ein hölzerner verschneiter Wegweiser zeigt den Pfad zum Bauernhof an der Liebgensmühle bei Leisnig an.

Rechts: Der Hof im Winter. Er wurde um 1850 als Vierseitenhof erbaut. Heute stehen noch das Wohnhaus und zwei Seitengebäude. Mehrere Hektar Wiesen und Wald gehören zum Grundstück und werden von der Familie bewirtschaftet.

Unten: Auf der verschneiten Weide steht die zehn Jahre alte Kuh "Pearl". Galloways sind durch ihr dichtes Fell und ihren gedrungenen Körperbau auch im Winterhalbjahr gut vor Frost und Kälte geschützt.

Es ist ein Wintermärchen der besonderen Art. Eine kleine verschneite Brücke führt über den Schanzenbach zum Bauernhof. Hohe Bäume säumen den kleinen Bachlauf. Der Frost hat den Hof, den Wald und sogar die Rinder auf der Weide mit Eis und Schnee verzaubert.

Drei Generationen leben hier, sind auf dem Hof aufgewachsen und mit der Natur und dem Ort eng verbunden. Die Weite der Landschaft und die Lage an Bach und Wald lassen das weitläufige Anwesen zum Naturparadies werden. Vögel und Wildtiere sind zu sehen. Die Bewohner leben ganz nah an Mutter Natur mit den Farben der Jahreszeiten, die in ihrer ganzen Schönheit erlebbar werden. In den idyllisch gelegenen Hof verliebte sich schon der Urgroßvater der Familie. Seitdem sind die Häuser in Familienbesitz. Karin Wilhelm, die heute die Geschicke lenkt und eine Zucht mit Galloway-Rindern betreibt, hat den Umgang mit Tieren von Kindesbeinen an auf dem Hof erlernt. Nach dem Tod des Vaters entschied sich die Agraringenieurin ganz bewusst dafür, zu bleiben. Sie schaffte die Galloways Belinda, Bianca und Friedolin an und gründete eine Herdbuchzucht. Heute gehören neben Hund und Katze, Hühnern und Schafen 20 Rinder zum Hof, glückliche Tiere, die viel Auslauf und neben Nummern auch einen Namen haben. „Die Tiere machen süchtig", schwärmt die 41-Jährige. An den gutmütigen Rindern mit den blonden und schwarzen Haaren und dem gedrungenen Körperbau liebt sie deren Widerstandsfähigkeit, ihre unkomplizierte Art und das dichte, lockige Fell, mit dem die Tiere auch jetzt im Winter draußen sein können.

Hier zu bleiben und den Hof weiterzuführen, war eine kluge Entscheidung, denn nicht nur die Züchterin fühlt sich hier wohl. Auch für ihre Mutter und die beiden Söhne, den siebzehnjährigen Daniel und Nesthäkchen Arne gibt es nach wie vor keinen schöneren Platz zum Leben.

Oben: Ländliches Idyll mit Küken im Stroh. Neben den Hühnern gehören zwei Hunde, Tauben, Kamerunschafe und Kätzchen zum Hof an der Liebgensmühle.

Rechts: Wie in alter Zeit hat der Hof an der Liebgensmühle noch heute einen eigenen Brunnen. Vor Generationen entschied die vorteilhafte Lage an Wald und Wasser darüber, dass der Urgroßvater der Familie hier sesshaft wurde, um Land- und Forstwirtschaft zu betreiben.

Zur Umgebung: Das eingefurchte Leisniger Umland mit seinem verschlungenen Bachlauf wird umgangssprachlich auch als "Tal der sieben Mühlen" bezeichnet. In landschaftlich reizvoller Umgebung gibt es bis heute noch weitere, teils mehrere hundert Jahre alte Mühlengebäude. Slawische Siedler erschlossen einst die fruchtbare Gegend mit Wald und Wasserlauf.

Oben: Gemütlich und rustikal geht es in den Stuben zu. Eine Sammlung von Kannen zeugt von der Wirtschaft aus alten Tagen. Ein antiker Schrank stammt noch von den Großeltern. Stühle stehen um einen Holztisch derselben Zeit. Zwei Gitarren verraten, dass hier musiziert wird. So kunstsinnig ging es auf dem Bauernhof nicht immer zu. In früheren Zeiten drehte sich das Leben der Hofeigentümer vordringlich um die Landwirtschaft und den Broterwerb.

Links: Der Traktor auf dem großen Hof ist eine der wichtigsten Maschinen. Die Söhne von Karin Wilhelm, Daniel und Arne, lieben das Landleben mit seinen typischen Arbeiten und dem Wechsel der Jahreszeiten. Würden sie die Landwirtschaft vor Ort einmal weiterführen, wären sie nunmehr die fünfte Generation, welche auf dem Grund und Boden am Schanzenbach ansässig wird.

Exklusiv und stilvoll: Lampen aus alter Zeit

Oben: Formschöne alte Leuchten auf einem Fensterbrett in Brand-Erbisdorf. Der Elektromeister Holger Henschel hat sich hier mit dem Um- und Ausbau seiner alten Schäferei ein ganz besonderes Refugium geschaffen. Sobald es dunkel wird, erstrahlt sein Haus im warmen Schein unzähliger Lampen und Leuchten aus Omas Zeiten. Viele der Sammlerstücke sind alt und antik. Andere sind kunstvolle Nachbildungen.

Rechts: Mit letztem Schnee vor der Tür und auf eine ganz besondere Art stimmungsvoll erhellt präsentiert sich der Eingang zum alten Fachwerkhaus. Zwei Kugellampen auf schmiedeeisernen Armen beleuchten das Steinpflaster und die hölzerne Tür.

Links: Hier möchte man sich unwillkürlich niedersetzen und in aller Seelenruhe den eigenen Gedanken nachhängen, einen langen Brief schreiben oder ein gutes Buch lesen. Eine wunderschöne Porzellanlampe mit blauen Ornamenten und passendem Federhalter mit Federkiel aus dem Fundus des Brand-Erbisdorfer Lampenladens erhellt eine hölzerne Kommode.

Draußen liegt der letzte Schnee, drinnen ist es schick und gemütlich. Unzählige Leuchten erhellen die alte Schäferei in Brand-Erbisdorf mit ihrem warmen Schein. Viele von ihnen sind um ein Vielfaches älter, wie ihr Eigentümer selbst. Der Elektromeister Holger Henschel hat sich hier seinen ganz eigenen „Lampen-Traum" erfüllt, viel Platz und das richtige Ambiente für schöne alte Leuchten geschaffen, die jetzt erst richtig zur Geltung kommen, weil sie in einer passend-ehrwürdigen Atmosphäre erstrahlen und weil der Fachmann ganz genau weiß, wie er den exklusiven aber teils auch recht ramponierten Stücken zu einem zweiten Leben verhelfen kann. Dass eine besondere Liebe zum Alten und Antiken dazu gehört, versteht sich. Der Sachse besuchte längere Zeit regelmäßig Flohmärkte und stieß dabei immer wieder auf besondere Lampen, die sein Sammlerherz höher schlagen ließen. Heute gilt der Brand-Erbisdorfer in der Region als Experte für antike Leuchten. Die sammelt er nicht nur, sondern gibt ihnen in seiner Werkstatt Glanz und Funktionstüchtigkeit zurück. Eine Arbeit, die Kenntnis der einzelnen Epochen und Gespür für Form, Farbe und Ausführung abverlangt. Nicht selten müssen fehlende Teile durch neue ersetzt werden. Dafür hat der Handwerksmeister einen ansehnlichen Fundus an schönen alten Stücken parat und zudem eine Bezugsquelle im Berliner Raum ausfindig gemacht. So sind seine neuen Lampen mit handgefertigten Glasschirmen, Textilkabeln und diversen Verzierungen von den gesammelten Stücken aus Großmutters Zeiten kaum zu unterscheiden.

Oben: Bei dieser Lampe mit handgefertigtem Glasschirm, Messingfuß und Textilkabel handelt es sich um ein antikes Stück, welches um 1920 hergestellt worden ist

Rechts: Eine Lithophanielampe mit Rosenmotiv, deren Ursprung in der Zeit um 1850 liegt. Die Reliefs sind aus Porzellanmasse gegossen, und wirken im Gegenlicht wie eine feine Grafik. Lange Zeit in Vergessenheit geraten, werden diese Leuchten von Liebhabern heute wieder geschätzt und gesammelt.

Unten: Eine Stehlampe mit eingefärbtem Glasschirm, deren Form und Ausführung an Exemplare angelehnt ist, die im Jugendstil gefertigt worden sind.

Oben: Der Verkaufsraum in Brand-Erbisdorf mutet an wie Omas gute
Stube. Ein großer Esstisch mit Blümchentischdecke und alte Stühle mit
geflochtenen Lehnen laden zum Verweilen ein. Vorhänge aus Baumwollspitze rahmen Holzfenster ein, die allesamt im warmen Schein
schöner alter Stehlampen erstrahlen. Die passende antike Tischleuchte
ist alten Vorbildern detailgetreu nachempfunden. Alle antiken Lampen-
schirme können wahlweise ausgetauscht werden, so dass jeweils wieder neue Formen entstehen.

Dass antike Lampen auch die passende Umgebung benötigen, um ihren
Zauber entfalten zu können, versteht sich. Für Holger Henschel, der
seit vielen Jahren ein Liebhaber und Sammler besonderer Stücke ist,
war die Einrichtung des Hauses ein Vergnügen. Räume müssen wachsen können, weiß er. Nach wie vor hält der Sammler Ausschau nach
passenden Interieurs, mit denen er die Einrichtung weiter vervoll-
kommnen kann.

Oben: Mit ihrer für den Jugendstil typischen Glockenform, einem cremefarbenen Milchglasschirm und textilem Kabel kann dieses schöne Exemplar auf einer Kommode oder als Nachttischleuchte perfekt in Szene gesetzt werden.

Mitte: Von der direkt gegenüber platzierten neuen ist diese originale alte Stehlampe mit Messingfuß und geschliffenem Glasschirm kaum zu unterscheiden. Tipp für Sammler antiker Stücke: Die Beschaffenheit der Fassung, des Kabels und diverser anderer Lampenteile können Auskunft über das wahre Alter einer Lampe geben.

Rechts: Zwei neue Stehlampen nach antikem Vorbild, deren ursprüngliches Design aber etwa einhundert Jahre zurückreicht, werden mit einem Blumenstrauß zum besonderen Stillleben. Wie anno dazumal kann das Licht mit Zugschalter und Kette eingeschaltet werden. Die Glasschirme werden nach altem Vorbild von kleinen Schrauben gehalten.

Winterzauber und warme handgenähte Quilts

Oben: Ein kleiner Stapel von leuchtend bunten Decken, welche die Kunsthandwerkerinnen aus Limbach-Oberfrohna in den vergangenen Jahren gefertigt haben, wird zum Blickfang auf einem Holzstuhl.

Rechts: Auf dem verschneiten Zaun hinter dem Haus kommt der Quilt mit romantischen Hausmotiven gut zur Geltung. Seit Jahren gehört er zu den geliebten und meist genutzten Stücken in der Familie.

Unten: Beim Nähen ihrer Puppen haben sich die Fauen von der Serie "Tilda" inspirieren lassen.

Wohl kaum etwas wärmt im Winter so wohlig, wie ein von Hand gemachter Quilt. Das amerikanische Brauchtum, aus bunten Stoffresten mit Nadel und Faden zauberhafte Textilkunstwerke herzustellen, hat eine kleine Frauenrunde aus Limbach-Oberfrohna für sich entdeckt. Judith Mieruch, Gisa und Jutta Harnack und Janet Dickert (rechts unten) gehören nicht nur zu einer Familie, sie treffen sich als kreatives "Kränzchen" auch regelmäßig, um zu quilten.

Quilts in leuchtenden Farben entstehen unter den geschickten Händen, wobei jeder Abend unter einem ganz besonderen Motto steht. Bei ihrer Motivsuche werden die Frauen im Internet fündig und lassen sich auch gern von der ländlichen Umgebung inspirieren. Was hier gefertigt wird, kommt zu Hause zum Einsatz, wird aber auch schon mal ausgestellt oder verkauft. Die gemütlichen Treffen verschaffen Abwechslung vom Arbeitsalltag. Man sitzt wie früher im Lampenschein zusammen, spricht über Probleme und Neuigkeiten, während Nadel und Faden fast wie von selbst durch die Stofflagen wandern.

Ein Brauchtum, das es im ländlichen Raum schon früher gegeben hat. Wer Lust aufs Patchworken hat, muss nicht viel investieren, sollte vielmehr zum Stoffsammler werden. Geeignet sind so gut wie alle Gewebe, ganz besonders aber solche aus Baumwolle oder Leinen. Verarbeitet werden können auch alte Blusen, Röcke, Tücher oder Bänder. Die Technik: Ein traditioneller Quilt wird von Hand genäht. Die Applikationen können vorher auf festem Papier oder Pappe vorgezeichnet und ausgeschnitten werden. Wer gute Motive sucht, wird neben Handarbeitsbüchern oder Zeitschriften auch im Internet fündig. Viele Motive sind von Designern zur Nutzung freigegeben. Wichtig: Etwa einen Zentimeter Rand zugeben. Wer ganz sorgfältig arbeiten möchte, kann das Gewebe auch um den Papprand falzen, so dass es sich auf der Stoffunterlage später besser umnähen lässt.

Oben: Ganz in kühlen Winterfarben gehalten ist dieser wunderschöne Quilt, den Judith Miruch von Hand appliziert hat. Eine solch professionell gefertigte Decke besteht aus drei Lagen, einer Unterseite, einem Zwischenvlies und der kunstvoll applizierten Oberseite.

Unten: In gemütlicher Runde tauschen die Frauen neue Techniken und Motive aus und arbeiten zusammen auch an größeren Exponaten. Neben Ausstellungen veranstaltet die kreative Runde auf Anfrage auch Workshops.

Für ein Wochenende
Schlossherr sein

Oben: Wie eine Kulisse für ein Wintermärchen muten das Schloss Podelwitz und dessen Umgebung im blauen Morgendunst an.

Wer mag, kann hier feiern und übernachten. Landschaftlich reizvoll an der Freiberger Mulde gelegen, ist das jahrhundertealte Wasserschlösschen für Romantiker und Naturliebende ein Geheimtipp.

Rechts: Draußen klirrt der Frost, im Inneren laden Kaminzimmer und Salons zum gemütlichen Beisammensein.

Rechte Seite oben: Der kunstvoll verzierte Giebel des Schlosses. Dach und Fassade des denkmalgeschützten Baues sind von der Gemeinde Zschadraß in den vergangenen Jahren aufwändig saniert worden.

Rechte Seite Mitte und unten: Für Familienfeierlichkeiten werden die Salons des Schlosses und das angrenzende Kaminzimmer geöffnet.

Nebel liegt über dem Fluss und den winterlichen Wiesen. Die hohen Bäume sind bereift. Draußen ist es kalt und still, nur die Krähen krächzen. Eine helle Sonne scheint durch die Fenster des Schlosses Podelwitz. Im Inneren ist es warm und gemütlich. Ein Feuer knistert im Kaminzimmer. Im Salon nebenan sind die Tische gedeckt. Weiße Tafeltücher liegen obenauf. Servietten und festliche Gedecke verraten, dass eine Feier vorbereitet wird. Eine breite, ausgetretene Steintreppe führt in die oberen Etagen. Hier gibt es gemütliche Pensionszimmer. Wer mag, wird später übernachten oder beim Stöbern in der Heimatstube darüber eine Zeitreise antreten, wo Irmgard und Manfred Knochenmuß ihr Domizil haben. Seit mehr als 50 Jahren trägt das Paar kuriose und antike Stücke zusammen. Mit der Zeit sind die Zimmer zu kleinen eigenen Welten geworden, deren Requisiten auf ihre ganz besondere Art über vergangene Tage erzählen. Alte Waagen und ein nostalgischer Kassenautomat mit Kurbel stehen im „Tante-Emma-Laden" auf einem über und über mit Gläsern und Bechern gefüllten Tresen. Emailschilder an den Wänden preisen längst vergessene Waren an. Bauchige Flaschen und Dosen füllen das hohe Holzregal dahinter. Ähnlich bunt geht es in den übrigen Stuben zu. Trödel, alte Trachten, eine Post, Spielsachen oder Uniformen sind hier zu finden. In der „guten Stube von Großmuttern" mit obligatorischer Anrichte und großen „Ölschinken" wird Gästen sogar „een Schälchen Heeßer" und selbstgebackener Kuchen" angeboten.

So einladend war das Wasserschloss Podelwitz nicht immer. Im 15. Jahrhundert erbaut, erlebte das schöne Haus mit dem imposanten Turm eine Vielzahl von Eigentümern und wechselvolle Geschicke, die immer auch mit der Landwirtschaft zu tun hatten. Noch zu Anfang des vergangenen Jahrhunderts verdienten die Schlossherren ihr Geld überwiegend mit den Erträgen aus der Bewirtschaftung der umliegenden Felder. Vom Leben früherer Generationen zeugen Stallungen, eine Schnapsbrennerei, riesige Lagerscheunen sowie eine Gärtnerei mit Orangerie. Nach Bodenreform und Enteignung wurden Teile des Schlosses zu Wohnzwekken umgebaut, das Grundstück in Neubauernstellen aufgeteilt. Mit den Jahren verfiel die schöne Schlossanlage immer mehr. Gemeinde und Förderverein beschlossen schließlich die aufwändige Sanierung von Dach, Fassade und Innenräumen. Belebt wird das Haus heute überwiegend durch Feste und Veranstaltungen. Wer mag, kann hier für ein Wochenende Schlossherr sein. Brautpaare und Familien mieten die schönen Räume für die eigenen Feierlichkeiten. Für Speis und Trank sorgen das Restaurant Schlossgewölbe und Auszubildende des Sozialwerkes Muldental e.V. Nach Lust und Laune können Bootsfahrten auf der Mulde organisiert oder Fahrradtouren auf dem ausgebauten Radweg unternommen werden.

Links: Ein kleiner Gutspark am Porphyrhang mit heimischen Baum-
arten wurde rekonstruiert. In ihm befindet sich der Rest einer
„Constitutions-Linde". Diese seltene Baumsetzung erinnert an die
erste sächsische Verfassung von 1831. Die Tradition fortsetzend,
wurde im Jahr 2004 eine neue Constitutions-Linde gesetzt. Sehens-
wert ist auch der Garten vor dem restaurierten Renaissanceschloss
mit seiner kulturgeschichtlichen Schausammlung und dem Nixstein
am Ende des Schlossparkes.

Unten: Blick in die "gute Stube" von Irmgard und Manfred Knochenmuß. In Jahrzehnten hat das Paar, welches im Seitengebäude lebt,
eine große Sammlung antiker Stücke zusammengetragen. In der gemütlichen Wohnstube mit Anrichte und Esstischen werden auf
Wunsch auch Kaffee und Kuchen serviert.

Bildhintergrund: Zum Wasserschloss an der Freiberger Mulde gehört
auch eine Bootsanlegestelle, von welcher man im Sommerhalbjahr zu
ausgedehnten Wasserwanderungen aufbrechen kann.

Oben: Wappen über dem Torbogen künden von der herrschaftlichen Vergangenheit des Wasserschlosses. Nach Überlieferungen waren Schloss und Rittergut bereits im 15. Jahrhundert in Familienbesitz. Heinrich von Schellenberg tritt in einer Geringswaldeschen Urkunde bereits 1286 als Zeuge auf, der damals „200 Gulden von den frommen Brüdern zu Colditz leiht". Nach mehrmaligem Eigentümerwechsel wurde die Anlage an Ulrich Maximilian Rechenberg verkauft. Der verlegte den Haupteingang von der West- auf die Ostseite und ließ das neue Portal mit Wappen errichten.

Rechts: Den schönsten Tag des Lebens haben die frisch vermählten Brautleute Claudia und Sören Geiler mit Töchterchen Laura auf Schloss Podelwitz zusammen mit Familie und Freunden gefeiert.

Haus der Engel, des Holzes und der Kreativität

Oben: Im Winter ist es in den Lehmannschen Spielzeugwerkstätten in Hausdorf besonders romantisch. Büsche und Bäume sind dick verschneit. Ein hölzernes Tor an der Straße (rechts) dient als Wegweiser.

Unten: Das ganze Haus wird von unzähligen Engeln bewacht. Hier gibt es Wand- oder Standengel, Engel auf Eisenständern oder auch Hausbeschützer, die von der Decke auf das Geschehen herabblicken. Jede der geflügelten Figuren ist jeweils ein Unikat. Exemplare aus den Anfangsjahren mit ihren typischen runden Körpern, Kerzentüllen und Bemalung schauen von einem Fensterbrett im Erdgeschoss in die Stube.

Es schneite große Flocken und Leute wohnten noch im Haus, als Martina und Karl-Peter Lehmann zusammen mit Freunden ihren Hof in Hausdorf bei Zschadraß zum ersten Mal besichtigten. Die Leipziger waren auf der Suche nach Wohnraum unterwegs. Der war damals in den 80iger Jahren knapp und so blieb als Alternative der Umzug aufs Land. Spontan verliebten sich die Städter in das romantische Anwesen und beschlossen den Kauf.

"So unerschrocken ist man nur, wenn man jung ist", resümiert das Paar heute. Nach knapp 30 Jahren wissen die Textilgestalterin und der Ingenieur für Chemieanlagenbau, wie viel Aufbauarbeit in einem derart weitläufigen Grundstück steckt. Nach und nach nahmen sie wahr, in welch marodem Zustand das Anwesen tatsächlich war. Mutmaßlich um 1818 von einem französischen Adligen erbaut, der sich genau wie die heutigen Eigentümer in die landschaftlich schöne Gegend verliebt haben mochte, galt das Haus auch damals schon als denkmalgeschützt. Eine Herausforderung für die neuen Eigentümer, die alte Bausubstanz mit dem einst so knapp bilanzierten Baumaterial möglichst behutsam zu sanieren. Man ahnte, dass dies nur Stück für Stück gehen würde. Den Umzug in die kleine Gemeinde wagte man trotzdem und verlebte auf dem Bauernhof einen ersten rustikalen Winter mit Ofenheizung, eiskalten Zimmern und dicken Federbetten, die erst am Kachelofen gewärmt werden mussten, damit man überhaupt schlafen konnte.

Eher durch Zufall bekam der Traum von ländlicher Romantik dann auch solide Standbeine und wurde letztlich zu einem Refugium des Kunsthandwerkes. In der ersten Zeit schlugen sich die Eheleute noch mit diversen Auftrags- und Gelegenheitsarbeiten durch. Später gründeten sie die Lehmannschen Spielzeugwerkstätten und bauten dafür eigene Räume aus. Ein antiker hölzerner Engel hatte den Ausschlag für diesen mutigen Schritt gegeben. Der sollte im Auftrag einer Heimatforscherin im Original restauriert und nachgebaut werden. Als das erste, recht aufwändige Modell fertig gestellt war, gefiel es den "Eltern" so gut, dass die Idee einer ganz eigenen Kreation geboren wurde, angelehnt an das Vorbild alter „Lichterengel" aus dem Erzgebirge. Eine erste kleine nostalgische Serie hatte schon bald ihre Liebhaber gefunden. Weitere Stücke aus Holz folgten. Spieldosen, Schaukelpferde, Kerzenständer, Wandbilder und Zigarrenschachteln kamen hinzu und treten bis heute ihre Reise nach ganz Europa und sogar in die USA an. Einmal dem Holzhandwerk verfallen, entdeckte das kreative Paar für sich jeweils neue Gestaltungsmöglichkeiten. Mit geschnitzten und kunstvoll bemalten Unikaten aus Holz erweiterte Martina Abicht-Lehmann das Angebot. Diverse Spielplatzvariationen aus der Werkstatt von Karl-Peter Lehmann sind heute im Leipziger Umland zu finden.

Oben: Ein großer Engel aus der Hausdorfer Kollektion beschützt die Diele im oberen Stockwerk.

Unten: Martina Abicht-Lehmann zündet die Kerzen an ihrem "Verführungsleuchter" an. Mit den Jahren hat die Textilgestalterin ihre eigene Serie aus Holz kreiert.

Links: Eine hölzerne Stele aus der Werkstatt der Kunsthandwerkerin Martina Abicht-Lehmann setzt mit kunstvollen Schnitzereien sowie Rot-, Beige- und Goldtönen den Platz vorm Fenster in Szene. Die studierte Textilgestalterin hat mit eigenen Kreationen eine Firma gegründet.

Unten: Durch Zufall hat Karl-Peter Lehmann den Pfeifenbau für sich entdeckt. Weil der Pensionär es genießt, unterm Rosenbusch bei einem Glas Rotwein gemütlich ein Pfeifchen zu schmauchen, hatte dessen Frau nach einem neuen Stück Ausschau gehalten und war über den recht hohen Preis überrascht gewesen.

Nach einer ausgiebigen Internet-Recherche und "schmerzhaften Selbstversuchen" tüftelte der mit Naturwerkstoffen bestens vertraute Handwerker weiter an Form und Technologie und hatte damit letztlich auch Erfolg. Heute sind Lehmannsche Pfeifen mit ihrem Signum „PL" bekannt und werden nicht nur für den Eigenbedarf, sondern auch nach Kundenwunsch gefertigt. Über zwanzig Modellformen und ein Sieben-Tage-Set gibt es in der Musterschau. Nicht zuletzt hat sich das Faible für formschöne Pfeifen mit der Zeit zur Kontaktbörse entwickelt, treffen sich Pfeifenraucher aus dem sächsischen Raum, Sachsen-Anhalt und Hamburg alle vier Wochen zum Stammtisch im alten Kuhstall, der in der übrigen Zeit auch für Lesungen und kulturelle Events geöffnet wird.

Oben: Die Diele im oberen Stockwerk ist in Blau gehalten und liebevoll eingerichtet. Engel und Holzstele im Hintergrund erzählen vom kreativen Schaffen der Eigentümer. Hier wird der Flur bisweilen auch als Wohnraum genutzt, in dem man mit Freunden gemütlich zusammensitzt.

Unten rechts: Das Innere des fränkischen Mittelganghauses überrascht mit frischen Farben und einer unvermuteten Weitläufigkeit. Wie auch in der Diele gibt es fein abgestimmte Nuancen von Blautönen. Der lange Gang war in früheren Zeiten den zahlreichen Bediensteten vorbehalten und führt wie ehedem in beeindruckende zwanzig Kammern. Ganz hinten hat Martina Abicht-Lehmann ihr Atelier eingerichtet, in welchem Engel und Holzkunststücke bemalt werden.

Unten links: Ein weiblicher Schutzengel schwebt an der Decke. Stücke aus der Lehmannschen Werkstatt werden insbesondere durch ihre feine Bemalung zu unverwechselbaren Unikaten.

Bezugsquellen

10-13
Staatliche Schlösser, Burgen
und Gärten Sachsen
Klosterpark Altzella/Schloss Nossen
Am Schloss 3, 01683 Nossen
Telefon: 035242/50431
www.schloss-nossen.de

14-17
Waldhaus Colditz
04680 Colditz
Lausicker Straße 60
Telefon: 034381/43371
www.waldhaus-colditz.de

18-21
Appenhof
Talstraße 20
01683 Rothschönberg
Telefon: 035245/70723
www.appenhof.de

22-23
Best Western
Hotel am Schlosspark
August-Bebel-Str. 1
09577 Niederwiesa-Lichtenwalde
Telefon: 037206/882-0
www.lichtenwalde.bestwestern.de

24-27
Museum für Volksarchitektur und
bäuerliche Kultur Schwarzbach
Wiesenweg 1a
09306 Schwarzbach
(c/o Klaus Zschage,
Neugasse 6, 09306 Leupahn)
Telefon: 03737/449428
oder 034381/43339

28-29
Claudia Behnisch
Drechslermeisterin, Tischlerin
Schönborner Str. 9
OT Sachsenburg
09669 Frankenberg
Telefon: 037206/3165

30-33
Didaktisch-Therapeutisches Spielzeug
Kunstscheune
und Ferienhaus Böttger
Bergstr. 34
01744 Röthenbach
Telefon: 035058/41322
www.kunstscheune-boettger.de

34-35
Wäsche aus Omas Zeiten
Jana Franke
Alte Leitstr. 1
09579 Grünhainichen
Telefon: 037294/90167

36-39
Antik & Trödel Ralph Geisler
Rochhausmühle
09579 Grünhainichen
Telefon: 037294/1653
www.antiquitaeten-erzgebirge.de

40-41
Keramikwerkstatt Julia Naether
Am Sandberg 7
09633 Halsbrücke
Telefon: 03731/207 910
www.keramik-freiberg.de

42-45
Frei Stil Raumausstattung
Yvonne Haase
Dr.-Robert-Koch-Str. 25
09217 Burgstädt
Telefon: 03724/3436
www.raumausstatter-haase.de

46-47
Historisches Gasthaus
"Zur Wassermühle"
Dorfstraße 10, 04668 Grimma/Höfgen
Telefon: 03437/917153
www.wassermuehle-hoefgen.de

48-53
Muldentaler Intarsienkunst e.V.
Kunstscheune am Landgasthof
Sörnziger Straße 7
09306 Seelitz/OT Sörnzig
Telefon/Fax: 03737/14 90 13
www.muldentaler-intarsienkunst.de

54-57
Pension & Gartencafé Mulden-Aue
H. Forschack
Grimmaer Straße 21
04703 Leisnig-Fischendorf
Telefon: 034321/12172
www.pension-mulden-aue.de

60-63
Denkmalhof Franken
Dorfstraße 4
08396 Waldenburg/OT Franken
Sven Klose & Peggy Schraps
Telefon: 037608/20216
Reinhard Schraps
Telefon: 037608/3302
www.denkmalhof-franken.de

64-67
Staatliche Schlösser, Burgen
und Gärten Sachsen
Burg Gnandstein
Burgstraße 3
04655 Kohren-Sahlis
Telefon: 034344/61309
www.burg-museum-gnandstein.com

68-69
Textilhanddruckerei der
Agrargenossenschaft Kohrener Land
an der Burg Gnandstein
Telefon: 034344/62880
faerberlinda@aol.com

70-73
Gut Haferkorn mit
Veranstaltungszentrum GmbH
Dobernitz 9, 04703 Bockelwitz
Telefon: 034321/63719-0
www.gut-haferkorn.de

74-79
Musikschule und Galerie Hofmann
Reichenbacher Str. 94
08056 Zwickau
Telefon: 0375/241281
www.kornelia-eleonore-hofmann.de
www.musikschule-hofmann.de

80-85
Seidel-Hof
Mittweidaer Str. 57
09669 Frankenberg,
OT Sachsenburg
Telefon: 037206/881008
www.seidel-hof.de
Sachsenburger Gartenkeramik
Martina Heller
Telefon: 037206/72282

86-89
Keramik-Atelier annTON
Annekatrin Schönert
Bernsdorfer Str. 65
09126 Chemnitz
Telefon: 0371/3142594
www.annton.com

90-95
Solar Wagner Choren
04720 Mochau, OT Choren
Sonnenweg 6
Telefon 034325/20318
www.solar-wagner.de
Weber Holzbau GmbH
Zimmerei, Dachausbau
04720 Großweitzschen
Westewitzer Str. 4
Funktelefon: 0172/3474841
04746 Wendishain bei Hartha
Telefon: 034321/50550
www.holzbauweber.de

96-97
The Way Of Wood
Clemens Gerstenberger
Albrechtshainer Straße 28
04316 Leipzig,
Telefon: 0341/2535805
www.thewayofwood.com

98-101
Leben ist Kunst; Stefan Eger
Feldstraße 28, 09224 Chemnitz/Grüna
Tel. 0371/8206138
www.stefan-eger.de

102-105
Muldehäuser Dipl. Kfm. Peter Rehe
Dorfstr. 2, 04703 Polkenberg,
OT Marschwitz
Telefon/Fax: 03432/50976

106-107
Simonsen Garten
Friedrichstraße 29, 01067 Dresden
Telefon 0351/816933
www.simonsen-garten.de

108-109
Antike Brunnen und Pflanztröge
Waldheimer Str. 35, 01683 Nossen
Telefon: 035242/65109
Funktelefon: 0162/8669109

110-111
Eichler Gartenideen
Bahnhofstraße 66, 08396 Waldenburg
Telefon: 037608/3368
www.eichler-waldenburg.de

114-117
Sächsischer Landfrauenverband
Kunzemannstr.10, 04720 Döbeln
Telefon: 0 34 31/704790
www.saechsischelandfrauen.de

118-121
Staatliche Schlösser, Burgen und Gärten
Sachsen, Museum Burg Kriebstein
09648 Kriebstein
Telefon: 034327/952-0
www.burg-kriebstein.de
Innenarchitektin Eske Tynior
Lindenstraße 42, 08451 Crimmitschau
Telefon: 03762/942044
Floristin Gabriele Nestler
Falkenhainer Str.16
09648 Mittweida/OT Ringethal
Telefon: 03727/91452

122-125
Weingut Mariaberg, Familie Fritz
An der Spaargasse 1, 01662 Meißen
Telefon: 0170/4335586
www.weingut-mariaberg.de

126-129
Malerei Petra Anger-Seipel
Thermalbad Wiesenbad
Galerie Am Kurpark 1
Telefon: 03733/5041602
Galerie am Schlosspark Dresden
Funktelefon: 0172/3404886

130-131
Handweben
Dr. Kirstin Hoffmann
Kunsthandwerkerhof "Goldener Adler"
Burgstr. 19, 09599 Freiberg
Telefon: 03731/203572
www.handweben.com

132-137
Die Bauprofis - Ingenieurbüro
Dipl. Ing. Maik Schneeweiss
Hainbuchenallee 71
04821 Brandis
www.die-bauprofis.de

138-141
Centro Arte Monte Onore e.V.
Pier Giorgio Furlan
Lochmühlenstr. 8
09648 Kriebstein/OT Ehrenberg
Telefon/ Fax: 034327/58787
www.centro-monte-onore.de

142-145
Gartenwelt GmbH Gerd Seiffert
Nordstraße 1,
09247 Chemnitz/OT Röhrsdorf
Telefon: 03722/500227
www.gartenwelt-chemnitz.de

146-149
Müllers Tanzpalast Michel Janssen
Grimmaer Str. 7, 04668 Großbothen
Telefon: 034384/73789
www.muellers-tanzpalast.de

150-151
Sitzmöbelhandwerk Oelsa eG
01734 Rabenau/OT Oelsa
Hauptstr. 76
Telefon: 0351/6446703
www.stuhlbau-oelsa.de

152-153
Cammann Gobelin Manufaktur GbR
Bahnhofstraße 10
09244 Lichtenau
Telefon: 037208/2740
www.cammann-weberei.de

154-157
Objektbezogene Holzgestaltung
Hofer Straße 152
09353 Oberlungwitz
Telefon: 03723/43626
www.objektbezogene-holzgestalung.de

158-161
Heisi-Kaminmanufaktur Gröbschütz
Schönherrfabrik, Schönherrstraße 8,
09113 Chemnitz
Telefon:03737/149120
www.heisi-kamine.de

164-167
Landhotel Gut Wildberg
Gutsweg 8, 01665 Wildberg
Telefon: 0351/453610
www.gut-wildberg.de

168-171
Blumen Schröter
Grethener Str. 14
04668 Grimma/OT Beiersdorf
Telefon: 03437/916744
www.blumen-schroeter.de

172-175
Barthel-Zinn
Kunsthandwerkerhof "Goldener Adler"
Burgstr. 19, 09599 Freiberg
Telefon: 03731/300032
Werkstatt-Telefon: 03731/773685

176-177
Eskildsen GmbH
Am Lindigt, 04688 Mutzschen
Telefon: 034364/884-0
www.eskildsen.de

178-185
Familie Fairhurst
Schloß Dornreichenbach
04808 Falkenhain
Telefon: 034262/44883
www.schlossdornreichenbach.com

186-189
Gallowayzucht K. Wilhelm
An der Liebgensmühle 1, 04703 Leisnig
Telefon: 034321/12482
Karinwilhelm38@aol.com

190-193
Elektromeister H. Henschel
Obere Dorfstr. 4-5
09618 Brand-Erbisdorf
Telefon: 037322/80282
www.h-h-lampen.de

194-195
Judith Mieruch
Frohnbachstr. 106 F
09212 Limbach-Oberfrohna
www.kreativschaufenster.de

196-199
Schloss Podelwitz
Am Schloss 1, 04680 Zschadraß
Telefon:034381/53761
www.schloss-podelwitz.de

200-203
Lehmannsche Werkstätten GbR
Hauptstr. 45
04680 Zschadraß
Telefon: 034381/53623

Bildnachweis

3 oben:
Fotograf Mario Hösel
Postfach 11 11
09641 Mittweida
mhfoto@t-online.de

17 oben:
Architektur & Design
Köstler & Placek
Geibelstr. 66
04129Leipzig

61 unten links, 62 rechts oben sowie
63 unten:
Denkmalhof Franken
Sven Klose & Peggy Schraps
Dorfstraße 04
08396 Waldenburg/OT Franken

87 rechts oben und links unten
sowie 89 Atelier und kleine Fotos oben:
Atelier Ronald Weise
Diplom-Grafiker bbk
Bernsdorfer Straße 65
09126 Chemnitz

92, 93 und links unten:
Solar Wagner Choren
Sonnenweg 6
04720 Mochau/OT Choren

Fotos 96 und 97 links unten:
The Way of Wood
Clemens Gerstenberger
Albrechtshainer Straße 28
04316 Leipzig

98, 99, 101 alle Fotos:
Leben ist Kunst; Stefan Eger
Feldstraße 28, 09224 Chemnitz/Grüna

114 links oben:
Landfrauenverein Melaune
02894 Vierkirchen

114-117 alle Fotos außer links oben:
Fotograf Mario Hösel
Postfach 11 11
09641 Mittweida

158, 159 außer rechts oben sowie 160:
Kaminmanufaktur Schilling
Milkauer Str. 1A, 09306 Gröbschütz

164-167 alle Fotos:
Landhotel Gut Wildberg
Gutsweg 8, 01665 Wildberg

169 Mitte und unten:
Blumen Schröter
Grethener Str. 14
04668 Grimma/OT Beiersdorf

172 links unten, 174 oben sowie
175 oben und unten: Barthel-Zinn
Kunsthandwerkerhof "Goldener Adler"
Burgstr. 17, 09599 Freiberg

175 unten: Christoph Weigel,
Regensburg 1698, Abbildung der
Gemein-Nützlichen Haupt-Stände von
den Regenten und ihrer so in Friedens-
als in Kriegszeiten zugeordneten Bedienten an biß auf alle Künstler-und
Handwerker

179 rechts oben:
Familie Fairhurst
Schloss Dornreichenbach
04808 Falkenhain

208 rechts oben:
Dipl.-Malerin/Grafikerin
Mechthild Mansel
Würzburger Str. 85
c/o Hohe Str. 66 B
01187 Dresden

Fotos der Autorin Kathrin Schädlich:
3 rechts unten;
52 links oben und Mitte;
53 rechts unten;
54 links unten;
55 rechts unten;
160, 161;
184-187;
194-197;
198 links oben und Mitte;
199 rechts unten;

Alle übrigen Motive wurden von der
Autorin Elke Börner fotografiert.

Dank
Unser herzlicher Dank gilt allen betei-
ligten Protagonisten dieses Buches, die
mit viel Vertrauen in unseren Verlag
sowie großem Engagement und persön-
lichem Interesse erst dazu beigetragen
haben, dieses Projekt zu ermöglichen.

Ein Dankeschön geht auch an alle Foto-
grafen, welche für die Seiten eigene
Bilder zur Verfügung gestellt haben.

Ein herzliches Dankeschön gilt nicht
zuletzt der Lektorin Winnie Seifert in
Chemnitz für deren professionelle, auf-
geschlossene und flexible Zusammenar-
beit.

Hinweis:
Alle Informationen und Hinweise in
diesem Buch wurden von der Autorin
nach bestem Wissen erarbeitet und zusammen mit den Teilnehmern des Buches und der Lektorin mit
größtmöglicher Sorgfalt überprüft. Für
trotzdem entstandene fehlerhafte Anga-
ben oder Auslassungen kann der Verlag
keinerlei Verpflichtung bzw. Haftung
übernehmen. Konstruktive Korrektur-
hinweise sind trotzdem immer willkommen und werden in der nächsten
Auflage gern berücksichtigt.

Projektförderung:

Kräuterhof Falkenhain
Karl-Marx-Straße 24
04808 Falkenhain
Telefon: 034262/44949
www.kraeuterhof-falkenhain.de

Literaturagentur & Lektorat Seifert
www.literaturagentur-seifert.de

Dipl.-Malerin/Grafikerin Mechthild Mansel
Würzburger Str. 85
c/o Hohe Str. 66 B
01187 Dresden
Telefon: 0351/4646829
www.mechthild-mansel.de

In abstrakten Farbkompositionen, die den Betrachter intuitiv ansprechen, fesseln, mitreißen oder gar aufregen sollen, kommen die Arbeiten der Malerin und Grafikerin Mechthild Mansel daher. Die Bandbreite an Themen ist groß. Tanz und Bewegung gehören dazu sowie Illustrationen und Porträts. Aber auch christliche Inhalte greift die in Dresden und Leipzig Arbeitende auf. Jedes einzelne Bild, so die Künstlerin, erwachse in vollem Schaffensrisiko neu, sei damit gleichsam unwiederholbar. Bildgrundlage für die kraftvollen Ausdrucksformen ist jeweils die menschliche Figur, die benutzt, deformiert, zerlegt oder ganz verlassen wird. Ausgeschöpft wird dabei das eigene Erleben und Fühlen mit der möglichen Bandbreite an Grau- und Schwarztönen in der Grafik, aber auch einer Farbskala von gedämpften und teils düsteren Erdfarben bis hin zu klaren aggressiven Farbtönen, die in der Malerei eine eigene, tänzerische Bewegung verkörpern.

Studiert hat die Landschaftsarchitektin, Malerin und Grafikerin an der Technischen Universität in Dresden und an der Hochschule für Grafik und Buchkunst in Leipzig. Schlüsselerlebnis für Mansels Malerei war ein einjähriger Studienaufenthalt mit einem Stipendium des Deutschen Akademischen Austauschdienstes in Italien an der "Accademia di Belle Arti" in Florenz. Künstlerische Inspiration holte sie sich unter anderem auch in den Ballettsälen der Semperoper Dresden und in der Ballettschule der Oper Leipzig.